U0883314

中国经济文库·应用经济学精品系列（二）

樊纲　马蔚华◎主编

农业转移人口市民化与中国产业升级

Citizenization of Peasant Migrants & China's Industry Upgrade

中国经济出版社
CHINA ECONOMIC PUBLISHING HOUSE
北 京

图书在版编目（CIP）数据

农业转移人口市民化与中国产业升级/ 樊纲、马蔚华主编.
北京：中国经济出版社，2013.10
（中国经济文库．应用经济学精品系列）
ISBN 978－7－5136－2827－3

Ⅰ.农… Ⅱ.①樊…②马… Ⅲ.①农村劳动力—城市化—研究—中国②产业发展—研究—中国 Ⅳ.①D422.64②F121.3

中国版本图书馆 CIP 数据核字（2013）第 241370 号

责任编辑　吴航斌
责任审读　贺　静
责任印制　张江虹
封面设计　华子图文

出版发行　中国经济出版社
印 刷 者　北京科信印刷有限公司
经 销 者　各地新华书店
开　　本　710mm×1000mm　1/16
印　　张　11
字　　数　160 千字
版　　次　2013 年 10 月第 1 版
印　　次　2013 年 10 月第 1 次
书　　号　ISBN 978－7－5136－2827－3/F·9902
定　　价　42.00 元

中国经济出版社 **网址** www.economyph.com **社址** 北京市西城区百万庄北街 3 号 **邮编** 100037
本版图书如存在印装质量问题，请与本社发行中心联系调换（联系电话：010－68319116）

版权所有　盗版必究（举报电话：010－68359418　010－68319282）

国家版权局反盗版举报中心（举报电话：12390）　　**服务热线**：010－68344225　88386794

编 委 会

（以姓氏笔画排序）

顾 问

郑良玉

主 任

马蔚华

副主任

何祚云 徐永发 樊纯诗

委 员

王晓雯 吕 波 刘 敏 李罗力 徐 明 唐惠建 薛祖兴

编辑部主任

郑宇劼

编辑部成员

张 丽 冯月秋 刘艺娉 程旭玲

前　言
Preface

2011 年中国城市化率达到 51.27%，作为一个延续了几千年农耕传统的农业大国，正经历着一个极具历史意义的转折——城镇人口首次超过农村人口。对于中国社会而言，这种变化显然不是简单的城镇人口百分比的变化，它还意味着人们的生活方式、生产方式、职业结构、消费行为以及价值观念都会随之发生极为深刻的变化。

国家统计局公布的 2012 年中国 GDP 同比增长 7.8%，是近年来的最低值，中国宏观经济增长中枢下调的趋势日益明确，并且随着中国土地、资源、环境和劳动力成本的日益上升，技术创新的发展滞后，导致中国制造业的竞争优势有所削弱。同时，在发达国家“制造业回流”和“再工业化”以及一些新兴经济体低成本压力的双重挤压下，中国制造业面临的困难明显加大。依靠传统工业化推动经济增长的模式已经不可持续，深度城市化和工业现代化将成为未来经济增长的双引擎。

深圳市综研软科学发展基金会自成立以来，始终关注中国城市化和产业升级问题，并资助了一系列城市化领域的公共政策研究项目。2012 年 10 月 25 日，基金会和综合开发研究院（中国·深圳）在北京发起主办“2012 中国智库论坛”，以“农民进城和中国产业升级”为主题，邀请了国家发改委宏观经济研究院、国务院发展研究中心、中国社会科学院、北京大学国家发展研究院、中国人民大学、首都经贸大学、中国政法大学等多家研究机构的专家学者，共同研讨中国在内外环境不确定性和风险因素日益增加的条件下，如何构建合理的农民进城制度安排，如何继续发挥人力资源优势在全球产业分工中抢占高端环节，推动决策层、研究机构和社会各界共同关注农民工市民化与中国产业升级问题。会后，与会专家学者又向论坛提交了相关研究成果。

本书就是以上一系列学术活动成果的汇编，全书分为上下两篇，上篇为“农民工市民化及制度安排”，着重于探讨在推进新型城镇化背景下，农民工市民化实现路径与制度安排；下篇为“农民工市民化与产业升级”，着重探讨农民工市民化与中国产业结构转型升级的互动关系。

党的十八大报告提出，促进“工业化、信息化、城镇化、农业现代化同步发展”，要求“必须以改善需求结构、优化产业结构、促进区域协调发展、推进城镇化为重点，着力解决制约经济持续健康发展的重大结构性问题”，可见有序推进农业转移人口市民化，提升城镇发展质量的战略意义。本书通过深入解析中国的城市化及公共政策应当扮演何种角色，从理论与实践相结合的角度，对当前中国经济发展和城市化进程所涉及的相关问题加以探讨，希望能为中国新型城镇化之路提供有价值的信息和政策建议。

目录
CONTENTS

上篇

农民工市民化与制度安排

积极推进城镇化释放内需潜力

马晓河[①]

改革开放以来，中国的经济增长主要是依靠工业化实现的，在推进工业化过程中，依赖高储蓄、高投资，通过大力发展以出口导向为主的劳动密集型产业，使经济连续保持了30多年的高速增长。但是，当前和今后原有发展动力机制遇到了严峻挑战，必须为经济增长寻找新的动力源泉，这就是加快推进城镇化。

一、传统增长动力机制受到严峻挑战

改革开放以来，我国经济连续34年获得了年均9.8%的高速增长速度。由此，我国GDP总量由1978年排位世界第10跃居到世界第二位，人均GNI已从低收入水平成功迈进中上等收入国家行列。中国之所以能在较短时间内取得如此巨大的发展成就，主要是依靠改革开放，从供给和需求两方面进行了战略性调整。从供给角度看，调整工业化战略，利用传统产业部门劳动力无限供给优势，大力发展劳动密集型产业，推动制造业快速增长，使其成为经济增长的主要动力源泉。从需求角度看，我国经济增长主要表现为“出口导向型”和“投资导向型”特征，就是投资对经济增长的贡献作用不断上升，经济增长的对外贸易依赖度不断攀高。[②]

但是，当前国内外发展环境正在发生转折性变化，这些变化对中国既有

---

① 马晓河，国家发展和改革委员会宏观经济研究院副院长、教授、博士生导师。

② 根据2013年中国统计资料计算，我国投资对经济增长的贡献率由2000年22.4%上升到2012年的50.4%；我国对外贸易依赖度在1990年为29.8%，2000年39.6%，2012年高达47%。

发展动力机制构成了严峻挑战。从国内环境看，我国劳动力供给优势正在减弱。一方面劳动力供给总量增长幅度在逐年下降，依靠劳动力无限供给带动经济增长的优势必将消失。由统计资料分析，自 20 世纪 90 年代以来我国劳动力供求发生了两个明显变化（见表 1），一是农业部门的劳动力数量由增长转变为不断减少，到 2011 年农业部门劳动就业数量比 1991 年减少了 12504 万人，平均每年减少 625.2 万人，到 2012 年农业部门劳动力就业数量再次下降到 25773 万人，比上年又减少了 821 万人。这意味着传统部门的劳动力不再是无限供给。二是从 1990 年代开始，我国劳动力供给总量增长不断趋缓，由每年平均增加 1000 万劳动力资源下降到每年平均增加 400 多万。2012 年全国 15—59 岁劳动年龄人口 93727 万人，比上年末减少 345 万人。[①] 很显然，我国劳动年龄人口减少趋势还将继续下去，甚至还有加大趋势。届时，企图继续依靠劳动力资源供给优势带动经济增长已不可能。

表 1　1980 年以来每 5 年劳动力供给和就业增量变化

	经济活动人口（万人）		就业人员（万人）		农业就业人员（万人）	
	总量	增加量	总量	增加量	总量	增加量
1980	42903		42361		29122	
1985	50112	7209	49873	7512	31130	2008
1990	65323	15211	64749	14876	38914	7784
1995	68855	3532	68065	3316	35530	−3384
2000	73992	5137	72085	4020	36043	513
2005	76120	2128	74647	2562	33442	−2601
2010	78388	2268	76105	1458	27931	−5511
2011	78579	191	76420	315	26594	−1337
2015	80188	1800	N	N	N	N

资料来源：1980—2010 年数据根据国家统计局 2012 年中国统计年鉴整理；2015 年数据来源于小萍“未来十年我国劳动力的供给趋势”（http：//sm. xgzrc. com）。

① 资料来源：中华人民共和国 2012 年国民经济和社会发展公报，国家统计局。

另一方面劳动成本不断上升、土地价格持续上涨和人民币升值，都导致劳动密集型产业生产成本大幅度增加，赢利空间在不断被压缩，许多劳动密集型产品已经处于微利甚至零利润水平。2011 年农民工工资收入比上年增长了 23.5%，过去三年各省最低工资每年平均增长 19%。除了不断提高的人工成本之外，人民币升值带来的压力也在上升。2005 年汇改以来，人民币兑美元升值 22.9%，实际有效汇率升值达到 30%，人民币兑欧元升值 20.5%（见表 2）。当劳动成本加快上升、人民币迅速升值时，如果劳动密集型产业生产率不能相应提高，其出口竞争力必然下降。显然，在此情况下，继续发展以劳动密集型为主的制造业将越来越不具备比较优势。

表 2　人民币对主要货币年平均汇率中间价

年份	100 美元	100 欧元	100 日元	100 港元
2004	827.68	1029.00	7.6552	106.23
2005	819.17	1019.53	7.4484	105.30
2006	797.18	1001.90	6.8570	102.62
2007	760.40	1041.75	6.4632	97.46
2008	694.51	1022.27	6.7427	89.19
2009	683.10	952.70	7.2986	88.12
2010	676.95	897.25	7.7279	87.13
2011	645.88	900.11	8.1050	82.97
2012	631.25	810.67	7.9037	81.38

资料来源：2004—2012 年数据来源于国家统计局 2013 年中国统计摘要。

从国际环境看，一方面在世界金融危机爆发后，世界原有供求结构正在发生深刻变化，美欧等发达国家正在去杠杆化，纷纷改变过去那种高负债的消费方式，欧债危机、美国财政“自动减赤”等使得各发达国家大幅度削减政府支出，压缩公共购买力，居民在高失业率压力下不断降低家庭消费率，由此从政府消费和居民消费两方面对劳动密集型产品的需求出现下降，这就给中国继续大量出口劳动密集型产品带来了极大的压力。因为，我国在对外出口总额中，对美欧日发达国家的出口占48.5%，如果这些国家的公共购买力下降和私人消费不足，将直接导致我国的外需不足。另一方面目前世界上一些发展中国家，如洪都拉斯、越南、孟加拉、印度、斯里兰卡、印度尼西亚、柬埔寨、埃塞俄比亚等国家，他们正在利用比中国更加低廉的土地资源和劳动成本优势，大办产业开发园区，招商引资，大力发展与中国相同的劳动密集型产品，并向美欧等发达国家增加出口，在美欧等发达国家的劳动密集型产品市场上对中国的产品形成了明显的供给替代效应。① 面对外部需求下降和市场供给替代，我国继续依靠扩大产业投资和增加出口带动经济增长遇到了极大的挑战。

二、 城镇化是新时期扩大内需的最佳途径

在国内外形势变化条件下，继续沿着以往的发展道路难以为继，中国必须寻找新的增长源泉。今后一个时期，加快推进城镇化便是一个最好选择。同工业化相比，城镇化在很大程度上可以创造需求，城镇发展从基础设施建设、公共服务体系构建和消费品市场扩张两方面都能带来巨量需求，大量消纳工业化产品。城镇化不仅仅表现为城镇空间的扩展，更重要的还表现为人口的集聚和城镇人口规模的扩大。大规模人口城镇化，会产生巨大的收入增长和消费转换效应。因为大量人口转为市民后，从买房、买家电、家具到吃穿用行，都直接或间接地带来了巨大的投资和消费需求空间。城镇化的实践经验表明，城镇化率每提高一个单位，能带来人均国民收入的明显增长，由此可显著提高了国民的购买能力；同时，大量农民进城落户后，即使是收入水平不变，消费倾向和消费结构变化也会向有利于增加工业品消费需求方向转化。

另外，从供给角度分析，城镇化还可以促进产业结构调整和升级。世界发达国家的城镇化经验表明，当一国的工业化达到一定阶段时，推进城镇化可以增加第三产业的就业弹性和就业规模，提高服务业在产业结构中的比重。

① 2011年1月中国广州市普通工人月工资人均281美元，越南胡志明市工人月工资人均114美元，孟加拉达卡市月工资人均54美元，埃塞俄比亚亚的斯亚贝巴市月工资人均只有32美元。

即使是制造业结构转型和升级也离不开城镇化。一般而言，大部分技术创新活动都是在城镇开展和完成的，城镇为技术研发和推广提供了难得的支撑平台，是人力资本提高和知识积累的大熔炉，工业化推进到一定阶段后，产业结构调整和升级必须依赖城镇化的推进来完成。因此，当工业化到达一定阶段后，城镇化是调整经济结构、促进经济增长的新发动机。还需要强调的是，当一个经济体从中等收入向高收入阶段迈进过程中，构建以中等收入阶层为主体的橄榄型社会结构尤为重要，这一时期，城镇发展恰恰能为中等收入阶层集聚和成长提供主要空间，显然城镇化也是推动社会结构转型的动力来源。

根据中国 1978—2012 年间的数据，我们分析了城镇化与经济增长之间的关系，并绘制了城镇化率与人均 GDP 的曲线变化图（见图 1）。从中可以看出，人均 GDP 与城镇化率呈明显的线性关系。为了测度中国城镇化对经济增长的影响程度，我们还对 1978—2010 年相关数据进行了模型分析，结果发现，城镇化率每提高 1 个百分点，按 2010 年价格计算的人均 GDP 增加 670 元。与此同时，我们还建立计量模型，对过去 30 多年中国城镇化与非农产业就业关系进行了分析，结果发现，第三产业就业比率对城镇化率的弹性为 1.13，随着城镇化率的提高，第三产业就业比率以递增的速度增加，这反映了中国城镇化进程对扩大第三产业就业机会起着越来越重要的作用；第三产业就业人数与城镇化呈正相关关系，意味着城镇化率每提高 1 个百分点，第三产业就业人数增加 663.84 万人。但不同的是，第二产业就业比率对城镇化率的弹性较低，仅为 0.34，随着城镇化率的提高，第二产业就业比率以递减的速度在增加。但是，值得注意的是，当一个经济体从中等收入阶段向高收入阶段迈进时，第二产业特别是制造业结构加速转换，会大大增加对邮电通讯、金融保险、物流、法律、会计、信息咨询、科研开发、新闻出版、广播电视等新兴服务业需求，这些新兴服务业的发展同样带来了就业的增加和产值的增长。

城镇化对扩大内需、增加就业、转换结构的作用分析，是在现有体制不变、人口向城镇集聚受到抑制情况下获得的，如果能打破现有城乡二元体制约束，人口向城镇集聚不再受到抑制，城镇化对我国经济增长的作用将更大。仅以城镇人口增长为例，参照 2000－2010 年 10 年间城镇化率平均每年增加

1.37个百分点，如果“十二五”期间城镇化速度放慢到每年增加1.2个百分点，到2015年我国城镇化率可提高到56.2%，城镇人口可达到7.72亿人，比2010年增加10022万人。假定从2010年到2015年城镇居民人均可支配收入年均增长7%，[①] 届时城镇居民年人均可支配收入将达到26802元。按照2010年城镇居民平均70.5%的消费倾向计算，2015年城镇居民人均用于消费的支出为18900元。以此测算，到2015年因城镇人口增长可增加消费19320亿元。另外，城镇人口增长还需要增加基础设施建设和公共服务投入，根据以往大城市建设经验，城市每增加一个人口需要这两方面的投资成本约10万元，如果对物价指数变动和大中小城市差异同时不考虑，到2015年城镇增加10022万人，就需要10.2万亿元的基础设施建设和公共服务投资。这样，由于城镇人口增长，到2015年我国将会比2010年增加投资和消费超过12万亿元。以此种方式测算，在“十二五”后三年里，因城镇化推进平均每年可为我国带来22000亿以上的国内生产总值，对经济增长的贡献率超过50%。[②] 同理，假定“十二五”期间城镇化速度放慢到每年增加1个百分点，到2020年，我国的城镇化率提高到61.2%，城镇人口将达到8.78亿人，比2010年增加20822万人。[③] 仍然设定城镇居民人均可支配收入年均增长7%，届时城镇居民年人均可支配收入将达到37590元。按照城镇居民平均70.5%的消费倾向测算，2020年城镇居民人均用于消费的支出为26500元，同2010年相比，届时因城镇人口增长可增加消费55180亿元，同时还需要增加基础设施建设和公共服务投资这两方面的投资成本约20.82万亿元。以此推算，到

① 从2000年到2010年城镇居民人均年可支配收入年均增长9.66%。

② 这里城镇化引起的投资和消费增加量已经扣减了因农村人口下降减少的农村投资和消费总量。比如2013年，城镇化引起城镇投资和消费增加23475亿元，而当年农村人口下降引起农村投资和消费减少1114亿元，2014年城镇化引起城镇投资和消费增加23438亿元，当年农村人口下降减少投资消费1201亿元，2015年城镇化引起投资和消费增加23886亿元，当年农村因人口下降减少投资和消费1337亿元。在2013—2015年间，如果经济增长率按7%计算，国内生产总值增加量中，分别就有61.5%、57.2、54.2%来自城镇化的贡献。

③ 按照联合国《世界人口预测》中国2020年人口为14.54亿人，中国《人口发展“十一五”和2020年规划》明确2020年人口总量将控制在14.5亿以内。在本文中，作者假定“十二五”后三年人口增长率由2006—1012年年平均自然增长率0.495%降低到0.48%，“十三五”期间年均降低到0.45%，若如此，到2015年我国人口将为137360万人，2020年140480万人。

2020年我国城镇化率提高将会比2010年增加投资和消费26.3万亿元。

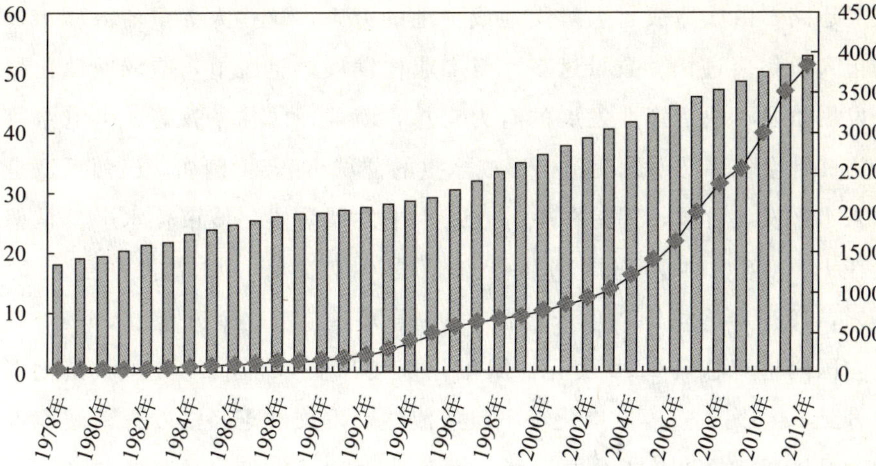

图1　中国1978—2012年城镇化率与人均GDP的曲线变化图

资源来源：国家统计局《2012年中国统计摘要》，中国统计出版社2013年5月，图中柱形代表城镇化率，曲线代表人均发展GDP。

三、 中国城镇化存在 “虚高” 成分

从世界各国发展实践看，工业化和城镇化的演进存在三种形态，第一种是工业化与城镇化同步发展形态，像美欧日等发达国家。这些国家在推进工业化过程中，城镇化与经济发展呈显著的正相关关系，工业化率与城镇化率是两条近似平行上升的曲线，比如英国1841－1931年间，工业化与城镇化相关系数为0.985，法国1886—1946年间为0.97，瑞典1870—1940年间为0.967，整个发达国家为0.997。① 在市场力量推动下，这些国家的人口向城镇集聚是持续不断和渐进式，城镇数量和城镇人口规模增长与经济发展阶段相适应，在低收入发展阶段，城镇人口比重低，在中等收入发展阶段，城镇人口比重上升加快，当进入高收入发展阶段，城镇化业已完成，城镇人口比

① 肖金成：《中国特色城镇化道路的内涵和发展途径研究》第73页，国家发改委宏观经济研究院贯彻落实十七大精神专项课题报告。

重达到70%左右。第二种是城镇化快于工业化的发展形态，像拉美等国家。这些国家由于土地高度集中在少数人手中，同时农业又采取了一条资本密集型发展道路，由此造成了大量无地或少地的穷人，这些人大量流入城市，形成城市人口集聚过快、数量过多，与工业化发展严重脱节，造成城镇化超越经济发展阶段，缺乏产业发展的有力支撑，就业、居住、教育、水电路等基础设施和社会保障等问题突出，形成严重的“城市病”。例如，巴西无论是在低收入水平发展阶段，还是在中等收入水平发展阶段，城市化水平都是偏高的。在1970年巴西人均国内生产总值为450美元，城市化率已经达到55.9%，1980年人均国内生产总值2190美元，城市化率升至67.6%，1990年人均国内生产总值2790美元，城市化率又升至75%，2004年城镇化率进一步升到83.6%。过度城市化，不但造成城市发展缺乏经济支撑，政府没有能力为城镇居民提供基本公共服务，而且还导致城市发展过多的与产业发展争夺资源，从而影响工业化进程。第三种是工业化快于城镇化的发展形态，最典型的是中国。政府为了优先推进工业化，同时又避免“城市病”发生，利用行政力量限制城镇化的发展，采取种种措施将大量公共资源用于工业化方面，同时又通过城乡二元体制限制农村人口向城镇流动，导致城镇化长期落后于工业化。例如1980年世界城镇化水平为42.2%，发达国家70.2%，发展中国家29.2%，而中国仅为19.4%。① 改革开放以来，尽管我国对限制城镇化发展的体制和政策进行了改革和调整，城镇化水平也有了明显提高，但优先支持工业化的体制格局并没有发生根本性变化，城镇化滞后于工业化一直存在于经济发展过程中。到2010年，② 用人均国民收入水平衡量，我国经济发展已经处于中上等收入国家水平，人均国内生产总值达到4396美元③，

---

① 肖金成：《中国特色城镇化道路的内涵和发展途径研究》第76页，国家发改委宏观经济研究院贯彻落实十七大精神专项课题报告。

② 在2010年世界发展报告中，世界银行将人均国民收入在（GNI）975美元及以下的国家定为低收入国家，人均GNI达到976—3855美元的国家为中低收入国家；人均GNI在3856—11905美元的国家为中高收入国家；人均GNI达到11906美元及以上的国家为高收入国家。世界银行：《2010年世界发展报告》，清华大学出版社2010年6月版。

③ 根据2011年中国统计摘要人均GDP与当年人民币平均汇率之比计算。2011年人均国内生产总值达到5432美元。

但用城镇化率衡量，我国城镇人口占全社会人口比重只有49.95%,[①] 还处于中等收入国家水平（见表3)，很显然，我国的城镇化已经明显滞后于工业化。

表3 中国城市化率的国际比较

国家或地区	2010年人均GNI	城市化率					
		1978	1995	2000	2005	2008	2010
中国	7530	18.57	30.96	35.88	42.52	46.54	49.23
世界	11020	38.66	44.70	46.61	49.06	50.55	51.52
亚太地区	9620	26.70	37.25	41.24	46.53	49.64	51.70
低收入国家	1303	18.00	23.00	24.00	26.00	27.00	28.00
中等收入国家	6699	31.73	40.33	42.92	45.94	47.78	48.99
中上等收入国家	9865	35.45	46.90	50.63	55.17	57.92	59.75
高收入国家	37333	71.27	75.38	76.53	78.60	79.58	80.23

资料来源：世界银行WDI Online，世界发展指数数据库；2010年人均GNI采用PPP衡量法。

即使是这样的城镇化水平，我国城镇人口占总人口的比重仍然存在很大的“虚高”成分，一是农村地区“被城镇化”。20世纪90年代我国许多地、县改为市后，将大量周边农村划为市区，同时大中城市为了实现城市空间扩张，也将大量郊区县归并为市区，但这些被划归为市区的农村，有相当部分并没有实现城镇化，这里的基础设施和公共服务依然是“农村”水平，农民的生活消费方式也没有发生实质转变。二是农村人口“被市民化”。按照统计局统计口径，2012年我国城镇人口已达71182万人,[②] 但实际享受城镇化制度安排的人口要远远低于该数据。因为，在现有体制下，我国在26261万个农民工中，有16336万人在城镇打工，由于户籍限制，他们既无法真正享受城镇化成果，又被统计为城镇人口。如果仅仅扣掉进城务工农民人口数，我国的城镇化率就会下降到40.5%,[③] 远远低于中下收入国家水平。实际上，

① 资料来源2011年国家统计局《中国统计年鉴》。

② 资料来源2013年国家统计局《中华人民共和国2012年国民经济和社会发展统计公报》。

③ 这里还没有把农民工随从家属人口计算在内，如果计算在内中国的城镇化水平将更低。

这两类人口被统计为城镇人口并没有带来真正的需求增长，因为我国城镇的基础设施和公共服务体系建设是很少考虑农民工进城因素的，同时进城农民工的消费结构也无大的变化。仅以消费为例，2012 年城乡居民年均消费分别为 16674.3 元、5908 元，两者相差 10766 元。如果通过体制改革，能将进城农民工 30％转化为市民，将会带来 5800 多亿的消费增加额，这还不包括农民转市民带来的公共投资需求的增加。很显然，与经济发展阶段相比较，中国的城镇化不是超前了，而是大大的落后了。今后，要想扩大内需，就必须加快推进城镇化。如果我们能够较好地协调工业化与城镇化的关系，把城镇化落后于经济发展水平的这一课及时补上，我国将会通过投资、消费以及产业结构升级释放出巨大的内需增长潜力。

四、 当前体制安排和城市发展模式不利于推进城镇化

我国已经到了必须加快推进城镇化的发展阶段，既要为以前城镇化滞后补课，又要协调未来工业化与城镇化的发展关系。但是，我国现有体制安排和城镇化发展模式不利于推进城镇发展。

首先，唯 GDP 论过多地占有资源用于工业化，挤压了城镇发展的空间。在现行财税体制和政绩考核体系下，各级城市政府都是“经济人”，在这些“经济人”之间还存在着极强的竞争性。面对事权大于财权和政绩竞争压力，各级政府将发展经济作为首要任务，为了做大 GDP 规模，做多财政收入，各级领导想尽一切办法，利用一切机制，调集一切资源，大搞园区开发，招商引资，积极推动本地产业发展。这样，大量公共资源和民间资本都被导向产业发展方面，既造成各地产能不断扩张，加剧我国产能过剩的矛盾，同时又使城镇发展不但缺乏公共资源配置，还缺乏民间社会资本的有力支持。近几年，尽管城市建设取得很大进展，但这些建设有许多都是形象工程、政绩工程和有利于产业招商增值工程，而真正能带来人口深度城镇化的公共服务和公共设施建设并不多见。结果是，GDP 做大了，财政收入做多了，城市现代化水平提高了，现有城镇居民的公共福利供给增加了，而以人口集聚为标准的城镇化实际水平并没有真正提高。

其次，城乡二元体制排斥农民工进城落户，抑制城镇化的推进。在人口

自由迁徙和要素完全按市场原则配置下，农民市民化是不受非市场因素干扰的。但是，在中国非市场因素通过城乡二元体制，严重干扰了农民向城市正常转移。一方面，现行城乡二元体制人为降低了农民转化为市民的能力。在城乡二元土地制度安排下，农民所拥有的土地不能直接进入市场，农村集体所有的土地必须出让给国家后才能进行市场交易，在土地出让过程中，土地是否出让、出让给谁、出让价格多少、出让收益怎么分配等，都不由农民说了算，结果土地出让产生的收益绝大部分被各级政府以各种名义侵蚀掉；还有，城乡居民在劳动市场上同工不同酬，农民工即使是与城镇居民干同样的工作，其工资只有城镇职工的50%左右。

因此，在土地非农化和人口市民化过程中，各级城市政府都想尽办法在要素转移和流动中获取最大红利，但谁都不想承担要素转移和人口流动带来的成本负担。这就在体制上决定了农民一开始就失去本应归属自己的那部分发展资本，无形中削弱了他们进城落户的资本积累能力。

另一方面，城乡二元体制还人为抬高了农民进城落户的门槛。城乡二元体制借助户籍制度和公共服务体系安排，将我国居民分割在两个世界里，一边是在教育、医疗、就业、住房、养老以及社会救助等方面享受着较高福利待遇的城镇居民，一边是缺乏基本社会保障和公共服务的农村居民。受既有体制限制，农民即使进城也很难获得市民身份，无法在教育、医疗、住房、就业、养老、救助等诸多领域享受与城镇居民同等的待遇。面对由制度设计上形成的种种门槛，想进城落户的农民被挡在城市入口处，他们是典型的“两栖人”，长期在农村与城镇之间奔波，这不但增加了进城农民的生存和发展成本，造成交通和社会管理等公共资源的浪费和短缺，还阻碍了城镇化进程，降低了经济发展的内需动力支撑。此外，长期的体制排斥正在转化为城市居民的心理和意识排斥，他们认为城市是市民的，农民不应该挤进城市落户，在公园、图书馆、公共交通甚至商场等场所歧视农民，这给农民进城也造成了很大的精神压力，大大提高了农民进城的心理门槛。

再次，城镇发展模式不利于推进城镇化。中国城镇现有发展模式在集聚人口方面的效应不是最大化，而是最小化。第一，“以大管小”的城镇化模式对人口向城镇集聚存在不利影响。在现有城镇管理体系下，我国城镇发展不是以大带小，而是大城市利用行政级别，将公共资源和公共权力集中在直辖市、省会城市，同时国家还给予许多优惠政策扶持这些大城市更好、更快地发展。这样大城市在资金配置、行政许可、土地占用、财税政策、金融信贷、进出口和吸引外来资本等方面比中小城镇获得了多得多的好处，大城市利用这些好处大搞基础设施建设，完善公共服务，招商引资，集聚发展优势产业，这样大城市发展越来越快，也越来越好。于是，有越来越多的人口愿意向大城市转移集中，因为这里有他们向往的发展机会，有他们可分享的理想公共服务。但是，人口过多、过度地向大城市涌进，造成大城市拥挤不堪，这又迫使城市政府进一步强化户籍、教育、医疗、住房、就业、养老等方面的行政管理，用行政手段阻止人口向大城市迁入。同时，中小城市（镇）在被政策忽视和公共资源以及公共权力上移情况下，基础设施条件差，公共服务不完善，产业发展成本高，使得人口向这里集聚的动力不足。

第二，城镇分散式发展，基础设施和公共服务难以形成城市群效应，降低了城镇对人口的吸纳能力。在现有体制条件下，我国各级城市（镇）基础设施建设和公共服务体系构建都是独立进行的，相互之间缺乏必要的规划和联系。一方面，大城市超越经济发展阶段高标准建设基础设施和公共服务体系，豪华现代的政府大楼、气派典雅的公园和博物馆、宽阔绿色的广场、庞大交错的街道网络、远离居住区的现代产业园区等。这些城市建设既降低了自身集聚人口的能力，又不能对中小城市（镇）形成辐射和带动效应；另一方面，中小城市（镇）极低的基础设施建设和公共服务供给能力，还扩大了大城市与中小城市（镇）之间的发展“鸿沟”，使得中小城市（镇）难以与大城市在功能上实现有效对接，造成人口不能在城市之间实现梯级转移，城镇化在集聚人口方面无法发挥城市群联动效应。

五、 必须通过体制改革加快推进城镇化

要想释放城镇化的内需潜力，让城镇化成为未来中国经济增长的新动力，就必须加快体制改革，进一步清除阻碍中国城镇化的制度障碍和不合理的政策安排。

第一，要协调工业化与城镇化的关系，将城镇发展放在优先的位置，通

过积极推进城镇化诱导工业化向更高层次发展。基于我国出现的产能过剩矛盾，今后一个时期，各级地方政府应停止规划和建设新的园区，产业发展和结构升级应以挖掘现有园区空间潜力为主，将更多的资源特别是公共资源用于城镇发展方面，以增强城镇承载和集聚人口的能力。同时，应该采取新的激励政策，引导和支持社会资本向城镇基础设施、公共服务投资。对此，应改革干部考核机制，将一个地区的城镇化率以及城镇公共基础设施和公共服务作为重要考核指标。鼓励各级政府围绕人口流动、农民转市民，加强基础设施建设、公共服务体系构建等方面，积极健康地推进城镇发展。

第二，通过培育和发展能辐射带动全国性的重点城市群体系，加快推进城镇化进程。与美欧发达国家相比，我国人多地少，用于推进城镇化的土地资源极为稀缺，这种国情就要求我们必须以集约化的方式推进城镇化，实现城镇的绿色发展、低碳发展、节约发展。当前和今后一段时间内，我国已经到了以培育和发展城市群推进城镇化的阶段。从现在起，就应该以大城市为依托，以中等城市为重点，在全国初步形成若干个辐射带动作用强的城市群。首先，构筑“10＋6”的城市群格局。[①] 一方面，以提高资源环境承载能力和经济发展潜力为目标，加强“十大”城市群的发展。重点对京津冀城市群、长三角城市群、珠三角城市群、辽中南城市群、山东半岛城市群、海峡西岸城市群、中原地区城市群、长江中游城市群、川渝城市群、关中地区城市群等，继续完善基础设施建设和公共服务体系，打破区域壁垒和行政割据，促进人流、物流、资金流和信息流等无障碍高效流动，形成区域内和区域外相衔接的一体化市场。另一方面，对于一些有潜力能培育成我国未来区域性城市群的也要进行重点扶持。比如，以长珠潭为中心的湘东地区，以合肥为中心的江淮地区，以长春、吉林为中心的吉林中部地区，以哈尔滨为中心的黑龙江西南部地区，以南宁为中心的北部湾地区，以乌鲁木齐为中心的天山北坡地区等都有希望培育发展成为我国未来六大新城市群。这些地区，应该以加强基础设施建设和建立公共服务体系为重点，以增加人口承载能力为目标，

① 参见国家发展改革委宏观经济研究院城镇化研究课题组报告：迈向全面建成小康社会的城镇化道路研究。

协调工业化和城镇化的关系，将公共资源向水电路气房（保障性住房）网和教育、医疗、住房、养老以及就业培训等方面适当倾斜，并采取优惠政策引导社会资本向这些方面投资。在培育和发展城市群的同时，也要加快建设区域性中心城市。今后，应该把距离城市群较远，无法受到城市群辐射和带动作用的地级城市以及腹地较大、人口较多的县级市培育和发展成区域中心城市，强化这些城市的功能建设，健全公共服务体系，逐渐降低乃至取消外来人口进入门槛，科学建设产业园区，不断增强这些城市的人口吸纳能力和产业集聚能力。另外，还要关注小城镇的发展，科学协调大中小城市（镇）之间的关系，对于无法与城市群或区域性中心城市形成关联发展的小城镇，各级政府要给予特殊扶持政策，给予他们更多的发展权力，给他们配置更多的公共资源，支持这些小城镇像大中城市一样发展，一样对外来人口有吸引力。

第三，彻底改革排斥农民进城落户的城乡二元体制，从限制农民进城转向鼓励支持农民进城。从长期目标看，我国城镇化深度推进，就必须彻底改革城乡二元体制，将城乡隔离的二元户籍制度一元化，并使城乡公共服务均等化。具体思路是要建立全国统一、开放的人口管理机制，构建有利于人口迁徙的可转移接续的社会保障体系，促进农民工身份转换。从近三年看，中小城市（镇）应加快户籍制度改革步伐，放开农民工进城落户的政策条件；大城市也要积极创造条件，不断放宽户口准入门槛，允许有固定住所、稳定职业、稳定收入来源的农民工转为市民。同时，要改革社会公共服务与户口挂钩的制度，废除针对农民工的歧视性体制安排，在加强建立农民工社会保障、社会救助等制度的基础上，实现城乡居民在劳动就业、基础教育、公共卫生、社会养老、住房保障等方面的公平对接，最终实现城乡居民在社会保障和公共服务方面的均等化和一体化。

第四，为了提高农民转化为市民的能力，应积极推进土地制度的市场化改革。土地是农民生存和发展的重要资本，以保护农民的名义，垄断土地交易或强制低价交易，都侵犯了农民的权益。规范土地征占用、促进土地承包经营权的流转，最有效的办法就是让市场发挥作用。因此，应改革土地征占用办法，在严格界定公益性和非公益性用地界限、不断缩小公益性征地范围的同时，不同类型的土地交易都应按市场规则进行。要将农民逐渐培育为土地市场交易主体，积极探讨农村集体建设用地直接参与土地市场交易的办法。不管何种类型的土地交易产生的收益必须大部分归农民享有。要将土地补偿与农民享受社会保障脱钩，享受基本社会保障是农民的基本权益，与土地是否交易无关。进一步完善土地流转政策，按照依法自愿有偿原则，鼓励农民以转包、出租、互换、转让、股份合作等形式流转土地承包经营权。应积极探索耕地、草地承包经营权的抵押办法，允许承包经营权进行抵押。改革农村宅基地制度，在对农民实行“一户一宅”政策基础上，可考虑从法律上实行农村宅基地交易市场化，允许农村宅基地及其建筑物依法自愿有偿转让、出租、互换、继承、抵押等。进一步规范各级政府在土地交易中的行为，从法律上限制各级政府“借地生财”，取消各级政府经营土地的职能，现有国有土地应交由国有公司经营，从体制和政策安排上切断各级地方政府与土地收益之间的不正当联系。在土地市场化过程中，政府不应替代市场也不应包办市场，对土地市场的干预要有边界，其作用是健全土地法规，支持发育中介组织，加强监督和监管，维护土地市场的公正和公平性。

第五，转变城镇发展模式，促进城镇发展在集聚人口方面的效应最大化。首先要从“以大管小”转向以大带小。今后，要通过改革不断弱化城市行政级别，将公共资源和公共权力均衡用于不同规模的城镇发展方面，特别在资金配置、行政许可、土地占用、财税政策、金融信贷、进出口、吸引外来资本、基础设施建设等方面，要考虑和照顾中小城市（镇）的发展需要。鉴于大城市基础设施和公共服务已经连续多年获得持续快速发展，今后几年可考虑将国家公共资源配置适当向中小城市（镇）倾斜，支持中小城市（镇）加强基础设施建设，构建公共服务体系，以增强人口的承载能力。第二，今后，我国大中小城市（镇）之间，在基础设施建设、公共服务体系构建、产业布局等方面，应进行统一规划，科学建设。大城市要打破行政壁垒，按照区域一体化和发展城市群的思路，将基础设施和公共服务不断向周边中小城市（镇）延伸，将一些产业向周边转移，形成以大带小的效应。同时中小城市（镇）要在基础设施建设、公共服务体系构建、产业布局等方面，积极与大城市实现对接，在区域空间上与大城市形成梯级功能结构，为人口迁徙和产业转移创造条件。

【参考文献】

1. 中国发展研究基金会：《促进人的发展的中国新型城镇化战略》，人民出版社，2010 年 10 月版。

2. 林重庚、迈克尔·斯宾塞：《中国经济中长期发展和转型》，中信出版社，2011 年 7 月版。

3. 马晓河等：《中国城镇化实践与未来战略构想》，中国计划出版社，2010 年 9 月版。

4. 巴曙松：城镇化与经济增长的动力：一种长期观点，《改革与战略》2010 年第 2 期。

5. “城镇化进程中农村劳动力转移问题研究”课题组：城镇化进程中农村劳动力转移：战略抉择与政策思路，中国农村经济，2011.6。

6. 国务院发展研究中心课题组：农民工市民化进程的总体趋势与战略取向，《改革》2011.5。

7. 肖金成：《中国特色城镇化道路的内涵和发展途径研究》，国家发改委宏观经济研究院贯彻落实十七大精神专项课题报告。

中国农业转移人口市民化进程与路径选择[①]

魏后凯　苏红键[②]

城镇化的核心是人的城镇化。从人的角度看，城镇化不单纯是农业转移人口向城镇集聚的过程，更是农业转移人口转变为市民的过程。市民化是城镇化的根本。缺乏市民化的城镇化是不完全的城镇化，也是没有质量的城镇化。中共十八大报告第一次明确提出“农业转移人口市民化”的概念之后，出现了较多关于农业转移人口市民化的研究，金三林（2013）认为农业转移人口市民化是指农业转移人口在实现职业转变的基础上，获得与城镇户籍居民均等一致的社会身份和权利，能公平公正地享受城镇公共资源和社会福利，全面参与政治、经济、社会和文化生活，实现经济立足、社会接纳、身份认同和文化交融。金中夏、熊鹭（2013）则把农业转移人口市民化看成是农业转移人口在城市获得工作并最终获得城镇永久居住身份、平等享受城镇居民各项公共服务而成为城市市民的过程。

一、 农业转移人口市民化的内涵和主要标志

虽然不同学者对农业转移人口市民化给出了不同界定并提出了市民化的不同标准，但基本观点差异不大。我们认为，农业转移人口市民化并不仅仅意味着将农业户口改为城镇户口，而是包含着多方面的丰富内涵。它是农业转移人口在取得城镇户籍的基础上，在政治权利、劳动就业、社会

---

① 本文是中国社会科学院创新工程项目《城镇化质量评估与提升路径研究》的阶段性成果。

② 魏后凯，中国社会科学院城市发展与环境研究所副所长、研究员；苏红键，中国社会科学院城市发展与环境研究所博士后。

保障、公共服务等方面享受城镇居民（市民）同等待遇，并在思想观念、社会认同、生活方式等方面逐步融入城市的过程。其主要标志可以概括为六个方面。

一是社会身份的转变。目前，大量进城农业转移人口虽然被统计为城镇常住人口，但其户籍依然是农业户口，“农民”的身份并没有改变。即使他们已经在城镇就业甚至居住，但仍然以“农民工”相称，带有明显的歧视性质。因此，实现农业转移人口市民化，必须加快户籍制度改革，让进城农业转移人口逐步在城镇落户，使其获得城镇永久居住身份，成为城镇居民中的一员。

二是政治权利的平等。长期以来，中国城乡居民的政治权利是与户籍紧密挂钩的。目前，大量进城农业转移人口在城镇地区基本上没有选举权、被选举权、社区管理等权利，其与城镇居民在政治权利上严重不平等。实现农业转移人口市民化，就必须赋予农业转移人口与城镇居民同等的政治参与权，包括选举权、被选举权、参政议政、工会组织以及社区管理等权利。

三是公共服务全覆盖。当前，中国的公共服务和社会保障政策基本上是与户籍挂钩、城乡区域分割的，由此导致进城农业转移人口往往不能享有平等的公共服务和社会保障权益。实现农业转移人口市民化，就是要确保进城农业转移人口与城镇居民享受均等的就业、子女教育、医疗卫生、社会保险、住房保障、社会救助等方面的公共服务和社会保障权益，促进基本公共服务向城镇常住人口全覆盖转变，消除对农业转移人口在公共服务方面的歧视。

四是经济生活条件改善。农业转移人口受工作能力、教育水平、资本积累等方面限制，收入水平、生活质量等往往较低，在经济生活条件方面与城镇居民差距较大。实现农业转移人口市民化，就必须不断提高农业转移人口的收入水平，帮助其改善居住和生活条件，逐步缩小与城镇居民之间的差距，促进其生活和消费方式由农民向市民转变。只有实现这种生活方式的转变，才能促使农业转移人口真正融入城市生活。

五是综合文化素质提高。农业转移人口受教育程度低，职业培训欠缺，综合文化素质不高，与现代市民的要求具有较大差距。这种文化素质差距不仅影响农业转移人口的职业选择，加大收入差距，影响其城市归属感，也会使部分城镇居民对农业转移人口产生偏见。为此，要实现农业转移人口的市民化，需要帮助农业转移人口提高工作技能、文化教育水平等方面的综合素质。

六是广泛的社会认同。要把农业转移人口转变为市民，使其真正融入城市社会，还必须获得广泛的社会认同。一方面，进城农业转移人口对城市要有归属感，在心理和观念上实现自我认同，并把自己看成是城市居民的一部分；另一方面，社会对农业转移人口的心理歧视和偏见逐步消除，并在全社会得到广泛的他人认同。只有同时实现这种自我认同和他人认同，进城农业转移人口才能与城市原居民融为一体。

二、 当前中国农业转移人口市民化进程评估

农业转移人口规模大、市民化程度低，这是中国城镇化的最大特色。同时，由于户籍制度和城乡隔离政策的限制，自改革开放以来，中国的人口城镇化与农业转移人口市民化是分离的，而欧美发达国家大都是同步进行的。因此，对当前农业转移人口的增长状况和市民化进程进行科学评估，是选择切实可行的市民化路径的重要前提。

（一）中国农业转移人口的增长状况

改革开放以来，中国农业转移人口增长迅速，且规模巨大。到 2012 年，全国农民工总量已达 26261 万人，占全国总人口的 19.4%。现阶段，中国农业人口转移仍处于快速稳定增长阶段。受中国宏观经济以及宏观政策的影响，农业转移人口中外出农民工增长表现出明显的阶段特征，大体可以分为五个阶段（见图 1）：

第一阶段为 20 世纪 80 年代的就近转移期。改革开放初期，农村家庭承包责任制解放大量农村劳动生产力，大量农民进入乡镇企业务工，开创了“离土不离乡”的农村劳动力转移模式，外出农民工从 1983 年的约 200 万人增长到 1989 年的 3000 万人，年均增长约 500 万。

第二阶段为 20 世纪 90 年代前期的跨省转移期。随着沿海地区经济快速发展创造大量的就业机会，以及邓小平南巡讲话以后中国向市场经济的快速转轨，农业转移人口大幅增加，至 1995 年外出农民工达 7000 万人，年均增

长近 700 万。

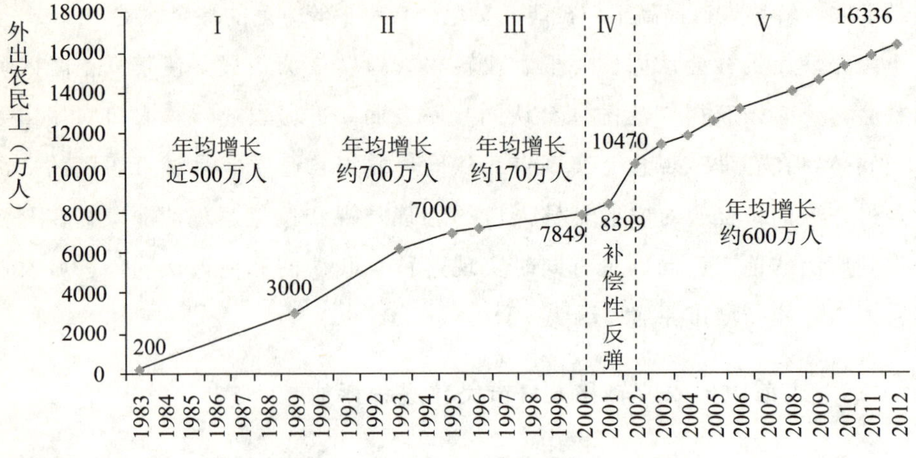

图 1　中国外出农民工增长阶段与趋势

资料来源：1983、1989 和 1993 年数据源自国务院研究室课题组（2006），1996、2006 年数据源自两次全国农业普查数据，2008—2011 年数据源自国家统计局（2012），其余年份为国家统计局调查数据。

第三阶段为 20 世纪 90 年代后期的缓慢增长期。在农民进城务工、城镇新增劳动力就业、下岗失业人员再就业等城镇就业压力下，一些城市对招用农民工采取限制性措施，农业转移人口增幅放缓，到 2000 年全国外出农民工仅 7849 万，年均仅增长约 170 万人。

第四阶段为 2001 至 2002 年的补偿性反弹期。在“十五”计划关于“取消对农村劳动力进入城镇就业的不合理限制，引导农村富余劳动力在城乡、地区间的有序流动”的政策①引导下，农业转移人口增长出现补偿性反弹，其中 2001 年外出农民工达到 8399 万人，2002 年达 10470 万人，分别比上年增

① 在国家“十五”计划纲要发布之前，2000 年初劳动部办公厅提出《关于做好农村富余劳动力就业工作的意见》，同年 6 月中共中央、国务院发布《关于促进小城镇健康发展的若干意见》，7 月劳动部等部委和国务院发展研究中心发出《关于进一步开展农村劳动力开发就业试点工作的通知》，均提出要促进农业人口转移、取消农民进城就业的不合理限制，之后 2001 年底国家计委要求在 2002 年 2 月底前取消面向农民工的七项收费，这些政策和规划共同促成了 2001—2002 年农业转移人口的补偿性增长。

长550万和2071万。

第五阶段为2003年以来的快速稳定增长期。在连续性政策的鼓励和引导下，农业人口转移进入稳步增长阶段，到2012年外出农民工达16336万人，年均增长约600万人。自2003年农业人口转移进入稳步增长阶段以来，城镇中外来农民工（按95.6%估算[①]）占城镇人口的比重基本稳定，平均约为21.5%，2012年为21.9%；城镇中外来农民工对城镇化率的贡献以平均每年0.37个百分点的速度增长，从2002年的7.8个百分点提高到2012年的11.5个百分点。

（二）农业转移人口市民化程度估算

从以往的研究来看，还缺乏专门对中国农业转移人口市民化程度的估算。现有关于市民化程度的研究主要有王桂新等（2008）、刘传江等（2009）、郧彦辉（2009）等对农民（或农民工）市民化的评价指标体系的研究及相应的实证研究，还有就是最近关于农业转移人口市民化内涵和标准的研究（金三林，2013；等）。王桂新等（2008）以上海为例，分别从居住条件、经济生活、社会关系、政治参与和心理认同5个维度考察了农民工的市民化特征，结果发现农民工市民化程度总体上已达到54%的水平，这一研究较为全面，但是忽略了基本公共服务这一重要维度，数据为上海农民工的抽样调查数据（1026份），并不能代表中国整体的农民工市民化水平。刘传江等（2009）从生存职业、社会身份、自身素质、意识行为四个方面建立指标体系，结果显示新生代农民工的市民化程度为45.53%，第一代农民工的市民化程度为42.03%，这一研究同样忽略了基本公共服务这一重要维度，数据为武汉市2005年的调查数据而且样本数量很小（第一代农民工有效样本为304个，第二代农民工有效样本132个），缺乏代表性。郧彦辉（2009）从经济收入、人口素质、生活方式、行为取向及思维理念等方面构建了一个比较全面的指标体系，但并没有进行现状评价，而且也没有考虑到基本公共服务问题。相对而言，最近的研究对农业转移人口市民化的内涵和标准的界定更加全面（金三林，2013；等），但都没有建立相应的评价指标体系，也缺乏对中国农业转

① 2009年，全国外出农民工中有95.6%在城镇就业（国家统计局农村司，2010）。

移人口市民化进程的总体评价。

根据本文对农业转移人口市民化的界定，除社会身份转变和社会认同外①，我们从政治权利、公共服务、经济生活条件、综合文化素质四个方面出发，构建了一个农业转移人口市民化程度综合指数，用以评价农业转移人口在市民化各个方面与城镇居民（市民）的差距。首先选取相应的指标并运用专家打分法对相关指标赋权，构建农业转移人口市民化程度综合评价指标体系，同时选取相应的标准值，在计算每项指标差距的基础上，通过加权计算出农业转移人口市民化的实现程度。其中，每个指标的差距情况计算公式为：$p_i=x_i/X_i$，表示单个指标的差距情况，x_i 为实际值，X_i 为标准值。农业转移人口市民化程度综合指数计算公式为：$P=\sum_i^n p_i\times w_i$，其中 P 表示农业转移人口市民化程度综合指数，w_i 表示指标权重。各个分项市民化程度的计算公式为：$p_i=\sum_{ji}^{jk}p_{ji}\times w_i/\sum_{ji}^{jk}w_i$，其中 p_j 表示第 j 分项市民化程度，p_{ji} 为第 j 分项第 i 个指标的状况，w_i 为第 i 个指标的权重，$\sum_{ji}^{jk}w_i$ 为第 j 分项总权重。

表 1 显示了综合指数的评价指标体系、相应权重及对 2011 年中国农业转移人口市民化程度的评价结果。总体来看，目前中国农业转移人口市民化程度综合指数仅为 40.68%，农业转移人口在政治权利、公共服务、经济生活、文化素质等各个方面与城镇居民的差距均较大。

表 1　2011 年农业转移人口市民化程度综合评价

标准	指标	权重	标准值	数值	进程
政治权利方面（37.20%）	1. 选举权与被选举权[a]				
	2. 参与社区管理[a]				
	3. 党团员中参加党团组织活动比重[b]	10	1	37.2%	37.20%

① 社会身份的转变在后面从户籍人口城镇化角度研究。社会认同方面，定量化比较困难，虽然可以通过问卷调查获取数据，但也缺乏科学性和代表性，因而指标体系暂不考虑社会认同指标。

续表

标准	指标	权重	标准值	数值	进程
公共服务方面（45.20%）	4. 子女接受公办教育比重[b]	10	1	39.2%	39.20%
	5. 签订劳动合同比重	10	1	43.8%	43.80%
	6. 城镇社会保险参与率				
	6.1 养老保险参与率	10	41.1%	13.9%	33.82%
	6.2 工伤保险参与率	5	25.6%	23.6%	92.19%
	6.3 医疗保险参与率	10	68.5%	16.7%	24.38%
	6.4 失业保险参与率	2	20.7%	8.0%	38.65%
	6.5 生育保险参与率	3	20.1%	5.6%	27.86%
	7. 住房保障[a]				
经济生活方面（50.77%）	8. 月平均工资	10	3483 元	2049 元	58.83%
	9. 自购住房或独立租赁比重	10	1	15.0%	15.00%
	10. 人均月消费支出	5	1263 元	700 元	55.42%
文化素质方面（43.13%）	11. 高中/中专及以上文化人口比重	5	42.2%	25.5%	60.43%
	12. 大专及以上文化人口比重	10	20.3%	7.0%	34.48%
	13. 工作技能水平[a]				
农业转移人口市民化程度综合指数（$\sum_{i}^{n} p_i \times w^i$）		40.68%			

注：（1）a 为数据缺乏。（2）b 为 2010 年数据。（3）标准值以 2011 年城镇居民相关指标的平均值为标准，其中：城镇社会保险参与率标准值为各类社会保险参保人数与城镇人口之比；月平均工资和人均月消费支出的标准值为城镇单位就业人员平均工资和平均每人现金消费支出；高中/中专及以上文化人口比重和大专及以上文化人口比重标准值分别为城镇就业人员中高中及以上文化人口比重合计和城镇就业人员中大专及以上文化人口比重合计（2010 年数据）。农业转移人口人均月消费支出以 2010 年农民工家庭月消费支出按城镇居民消费支出增长率进行估算，并以每个农民工家庭 2 人核算人均支出。

资料来源：根据《中国统计年鉴》（2012）与《中国人口和就业统计年鉴》（2011）相关数据计算。

首先，农业转移人口的政治参与水平很低。考虑到在户籍制度约束下，农业转移人口在选举权、被选举权和社会管理等方面基本没有参与机会，根据数据的可获得性，选取“党团员中参加党团组织活动比重”作为衡量农业转移人口政治参与水平的参考指标。根据国务院发展研究中心课题组（2011）的调查数据，“党团员中参加党团组织活动比重”约为37.20%。

其次，农业转移人口享受基本公共服务权利的比重较低。从农业转移人口子女教育、就业、医疗、社会保险、保障性住房等方面的指标来看，2011年农业转移人口在公共服务方面享受的权益平均仅为城镇居民的45.20%，实现基本公共服务城镇常住人口全覆盖任务艰巨。其中，在子女教育方面，虽然2003年国务院就颁布了《关于进一步做好进城务工就业农民子女义务教育工作的意见》，但由于公办学校教学资源不足难以满足农业转移人口随迁子女教育需求。根据国务院发展研究中心课题组（2011）的调查，仅有39.2%的农民工子女在务工地公办学校接受教育，9%在务工地民办学校接受教育，51.8%在老家接受教育成为留守儿童；就业方面，根据国家统计局（2012）调查数据，外出受雇农民工与雇主或单位签订劳动合同的比重为43.80%；在社会保险方面，2003年出台的《工伤保险条例》使农民工的工伤保险参保率较高，2011年为23.6%，与城镇就业人员工伤保险参与率（25.6%）非常接近，但在养老和医疗保险方面，由于新农保和新农合的存在，再加上养老和医疗保险的接续、流转、异地结算等制度问题没有解决，从而导致农业转移人口的城镇社会保险参与率整体较低。2011年，外出农民工养老保险、医疗保险、失业保险、生育保险的参与率分别为13.9%、16.7%、8.0%、5.6%，而同期城镇人口分别为41.1%、68.5%、20.7%、20.1%。

第三，农业转移人口的经济生活条件仅为城镇居民平均水平的一半。从农业转移人口月平均工资、居住状况、人均消费支出等指标来看，2011年，衡量农业转移人口经济生活条件的指数为50.77%，仅为城镇居民平均水平的一半。根据国家统计局（2012）调查数据，2011年外出农民工月平均工资为2049元，仅为城镇单位就业人员月平均工资（3483元）的58.83%；外出农民工中独立租赁或自购住房的比重仅为15%，其中独立租赁的占14.3%，自购住房的仅0.4%，大部分人居住在雇主或单位提供的集体宿舍（32.4%）、工地或工棚（10.2%）、生产经营场所（5.9%）以及与他人合租住房

(19.3%)；根据国务院发展研究中心课题组（2011）数据推算，农民工人均月消费支出约为 700 元，仅为城镇居民人均月消费支出（1263 元）的 55.42%。

第四，农业转移人口的综合文化素质和工作技能较低。由于工作技能数据缺乏，这里主要以不同学历人口比重来衡量文化素质，结果表明以受教育程度衡量的农业转移人口的综合文化素质仅为城镇居民平均水平的 43.13%。2011 年，外出农民工中高中/中专及以上文化人口比重为 25.5%，同期城镇就业人口中该类人口比重为 42.2%；外出农民工中大专及以上文化人口比重为 7.0%，同期城镇就业人口中该类人口比重为 20.3%。另外，从工作技能培训来看，农民工中接受过农业技术培训的仅占 10.5%，接受过非农职业技能培训的占 26.2%。这些都反映了农民工较低的工作技能。

（三）对中国不完全城镇化率的估算

城镇化的实质就是变农民为市民也即市民化的过程。在中国，由于户籍制度等的限制，市民通常是指在城镇居住且拥有本地非农业户口的城镇居民。拥有城镇户口、居住在城镇、从事非农就业是确定市民的三个重要标准。长期以来，中国户籍制度将居民分为农业户口和非农业户口，非农业户口人口能享受城镇诸多权利和福利待遇，而进城农业转移人口虽然被统计为城镇常住人口，但目前并不能完全享受市民待遇。因此，在资料可得的情况下，大体可以用本地城镇非农业户口人口占总人口比重，即非农业户口人口城镇化率来度量完全市民化的程度①。根据 2010 年全国第六次人口普查资料，截至 2010 年底，城镇中的本地非农业户口人口大约 3.62 亿②，非农业户口人口城镇化率仅为 27.0%，低于当年常住人口城镇化率 23 个百分点（见表 2）。

---

① 这种估计有些偏低，采用户籍人口城镇化率来度量更为准确一些，但目前缺乏这方面系统的省级数据。

② 在普查资料中，与城镇人口同口径的全国人口数为 13.4 亿，与城镇中非农业户口人口同口径的全国人口数为 13.2 亿，为了便于比较，城镇中的非农业户口人口数根据 13.4 亿的口径进行了调整。

表 2　2010 年各地区常住人口城镇化率与不完全城镇化率比较　单位：%

地区	常住人口城镇化率	非农业户口人口城镇化率	不完全城镇化率	地区	常住人口城镇化率	非农业户口人口城镇化率	不完全城镇化率
全国	50.0	27.0	23.0	重庆	53.0	32.0	21.0
东部	59.6	28.3	31.3	内蒙古	55.5	34.6	20.9
东北	57.7	45.5	12.2	湖北	49.7	28.9	20.7
中部	43.5	23.3	20.2	云南	34.7	14.1	20.6
西部	41.4	23.2	18.2	山西	48.0	27.8	20.2
广东	66.1	27.5	38.6	安徽	42.9	23.0	19.9
浙江	61.6	23.2	38.4	河南	38.5	18.6	19.9
福建	57.0	20.8	36.3	江西	43.7	24.4	19.3
天津	79.1	49.0	30.1	青海	44.7	26.4	18.3
上海	89.3	59.3	29.9	贵州	33.7	16.6	17.1
江苏	60.2	31.4	28.8	宁夏	47.7	31.2	16.5
山东	49.7	22.3	27.4	四川	40.2	24.6	15.6
北京	85.9	59.0	26.9	辽宁	62.1	47.6	14.5
河北	43.9	19.8	24.1	甘肃	35.9	23.0	12.9
海南	49.6	27.0	22.6	新疆	42.7	31.1	11.6
广西	40.0	17.6	22.3	吉林	53.3	42.2	11.1
湖南	43.3	22.0	21.3	西藏	22.6	11.9	10.8
陕西	45.7	24.6	21.0	黑龙江	55.6	45.4	10.2

资料来源：根据《中国 2010 年人口普查资料》计算。

分地区来看，非农业户口人口城镇化率最高的地区是东北地区，为 45.5%，其中辽宁、黑龙江、吉林分别为 47.6%、45.4%、42.2%，分别位居全国第 4—6 位，仅次于东部地区的 3 个直辖市；东部地区非农业户口人口城镇化率为 28.3%，其中上海、北京和天津分别位居第 1—3 位，分别为 59.3%、59.0%和 49.0%，其他省份均较低。中西部地区非农业户口人口城镇化率最低，分别只有 23.3%和 23.2%，西藏、云南、贵州、广西和河南则是最低的 5 个省区，其中有 4 个省份位于西部地区。

如前所述，没有实现市民化的城镇化是一种不完全的城镇化。这样，我们可以把常住人口城镇化率与非农业户口人口城镇化率的差距称之为不完全城镇化率，即未完全实现市民化的城镇常住人口占总人口的比重。2010 年，中国不完全城镇化率大约为 23%。分地区来看，东部地区不完全城镇化率最高，达 31.3%，东部地区所有 10 个省市恰好位居全国前十位，其农业转移人口市民化任务艰巨；中部和西部地区分别为 20.2%和 18.2%，东北地区不完全城镇化率最低，只有 12.2%，新疆、西藏、甘肃等西部省份及东北三省较低。

采用户籍人口城镇化率进行估算要更为准确一些。2012 年，中国户籍人口城镇化率为 35.29%，比常住人口城镇化率（52.57%）低 17.28 个百分点。这二者之间的差额大约有 2.34 亿人。显然，这些没有城镇户籍的城镇常住人口或者统计在城镇常住人口中的农业转移人口，绝大部分都没有完全实现市民化。根据前面的估算，如果按城镇常住人口中的农业转移人口市民化程度平均为 40%推算，2012 年中国真实的完全城镇化率只有 42.2%①，比国家统计局公布的常住人口城镇化率低 10.4 个百分点。其差额部分就是完全没有市民化的城镇常住农业转移人口，折算起来全国大约有 1.41 亿人。

三、 推进农业转移人口市民化的路径选择

中国农业转移人口规模庞大，推进市民化既要消化现有长期积累的存量部分，又要同步解决每年新增加的增量部分，其任务十分艰巨。当前，应按照“以人为本、统筹兼顾、公平对待、一视同仁”的原则，分阶段稳步推进市民化进程，多措并举、分层分类做好市民化工作，积极引导农业人口有序转移，建立政府主导、多方参与、成本共担、协同推进的市民化机制，使农业转移人口获得与城镇户籍居民均等一致的社会身份和权利，能公平公正地享受和城镇户籍居民平等的基本公共服务和社会福利，并在价值观念、社会认同、生活方式上完全融入城市社会。这样就需要在推进市民化的过程中，

① 35.29%+17.28%×40%=42.2%。

加快户籍、就业、教育、土地、住房、社会保障等综合配套改革，实现农业转移人口的职业转化、地域转移、身份转换以及价值观念和生活方式的转变。

（一）分阶段稳步推进市民化进程

推进农业转移人口的市民化是全面建成小康社会的重大战略举措。既要有顶层设计，对全国推进市民化工作的总体目标、重点任务、战略路径和制度安排进行全面规划部署；又要长短结合，明确各阶段的目标、任务和具体措施，制定切实可行的实施方案，分阶段稳步推进。从全国看，力争用20年左右的时间，从根本上解决农业转移人口的市民化问题，实现更高质量的健康城镇化目标。

近期（到2015年），分类剥离现有户籍制度中内含的各种福利，在全国推行居住证制度，对城镇常住外来人口统一发放居住证，持证人可享受本地基本公共服务和部分公共福利，如政治权利、劳动权益、就业培训、义务教育、基本社会保障等，切实保障农业转移人口的基本权益，基本实现基本公共服务城镇常住人口全覆盖。同时，对符合一定条件的农业转移人口，如有固定住所和稳定收入来源、就业或居住达到一定年限等，应优先给予落户。

中期（到2020年），通过强化综合配套改革，完全剥离户籍内含的各种权利和福利，逐步建立城乡统一的户籍登记管理制度、社会保障制度和均等化的基本公共服务制度，初步形成市民化长效机制，基本实现基本公共服务城乡常住人口全覆盖。城乡居民实现在常住居住地依照当地标准，行使公民的各项基本权利，享受各项公共服务和福利，包括选举权、被选举权和公共福利享有权等。

远期（到2030年），建立市民化与城镇化同步推进机制，推动形成全国统一的社会保障制度和均等化的基本公共服务制度，在全国范围内实现社会保障一体化和基本公共服务常住人口全覆盖，确保农业转移人口在政治、经济、社会和文化等领域全面融入城市，公平分享改革发展成果，平等参与民主政治。

（二）多措并举全面做好市民化工作

农业转移人口市民化涵盖的范围广泛，既包括城镇外来农民工的市民化，也包括城镇化进程中出现的城郊失地农民、“城中村”村民等本地农民的市民化。对于不同类型的农业转移人口，由于自身特点、面临障碍、市民化意愿和现实需求的不同，实现市民化的目标、路径和措施也将具有较大差异。为此，需要统筹规划，多措并举，全面做好市民化工作。

首先，有序推进外来农民工市民化。外来农民工是农业转移人口的主体，也是当前推进市民化的重点和难点所在。要坚持以人为本，体现公平公正，尽快对就业、教育、计划生育、医疗、养老、住房等领域现有各项政策进行一次全面清理，取消按户口性质设置的差别化标准，禁止各地新出台的各项有关政策与户口性质挂钩，从根本上消除对外来农民工的各种歧视。以推进基本公共服务均等化和解决城镇落户为重点，着力解决好农民工劳动保护、就业扶持、技能培训、子女教育、社会保障、住房等现实问题，切实保障农民工的合法权益，分期分批逐步将农民工纳入城镇医疗、养老、失业、生育、工伤等基本社会保险以及城镇最低生活保障和住房保障体系，使更多符合条件的农民工能在城镇安家落户，真正转变为城镇居民，并逐步融入城市社会。

其次，多途径解决本地农民市民化。一是妥善解决城郊失地农民的市民化。进一步完善征地补偿安置制度，积极拓宽就业渠道，加强再就业技能培训，优先推荐和安排失地农民就业，鼓励失地农民自主创业，完善失地农民基本生活保障制度，采取个人缴费、集体补助和政府扶持的方式，逐步将失地农民全面纳入城镇社会保障体系，使失地农民在就业、教育、医疗、养老、住房等方面享受城镇居民同等待遇。二是积极推进“城中村”村民的市民化。在“城中村”改造的过程中，要切实做好土地征用、住户拆迁、安置房建设以及被征地农民的就业、社会保障、公共服务等方面工作，使“城中村”村民尽快融入城市社会。三是鼓励本地农民工就地实现市民化。鼓励城市近郊区和小城镇从事非农就业的农民，到城镇创业、就业和居住，就地转变为市民，实现市民化；按照自愿原则，依托县城和特色小城镇，鼓励返乡回流的农民工回家创业落户，就地实现市民化。

（三）实行分层分类的差别化战略

首先，分层次逐步推进落实各项权益。一是基本权益保障，包括选举权、平等就业权、义务教育、就业服务、职业技能培训、劳动权益保护、公共卫生、计划生育、临时性救助等方面，不论农业转移人口是否具有稳定的就业，当前都应该实行城镇常住人口全覆盖；二是基本社会保障，包括医疗、养老、生育、工伤、失业等基本社会保险、城镇最低生活保障、保障性住房、一般性社会救助、社会福利等，近期可重点针对稳定的就业群体展开，分期分批推进，逐步实现城镇常住人口全覆盖；三是其他公共服务，如非义务教育、购车购房等。各地可根据区情特点和发展条件，逐步将符合条件的农业转移人口纳入，并逐年扩大范围，提高覆盖比例，最终实现城镇常住人口全覆盖。

其次，分类型实行差别化的推进战略。针对不同类型的城镇和农业转移人口群体，实行区别对待的差别化战略。对于中小城市和小城镇，目前国家已经明确放开户籍限制，可以考虑在农民自愿的基础上，把符合条件的城镇常住农业户口人口转变为城镇户口，享受城镇居民同等待遇。对于大城市尤其是北京、上海等特大城市，由于农业转移人口多，市民化压力大，可针对不同类型的群体，分群分类地逐步推进。当前，要重点推进三类群体的市民化：一是稳定就业的农民工。这类群体进城务工经商时间长，就业和收入稳定，思想观念、生活方式等已基本融入城市社会，具备了转变为市民的条件。二是举家迁移的农民工。这类群体大多有稳定的就业，且已经在城市定居，市民化意愿和能力都较强，需要考虑给予优先落户。三是新生代农民工。这类群体受教育程度较高，没有务农经历，基本不懂农业生产，且主要在大中城市务工，具有在城市定居的强烈意愿。

（四）建立多元化的成本分担机制

农业转移人口融入城市是一个艰难而漫长的过程，需要支付巨额的市民化成本。要合理消化这一巨额的改革成本，必须充分发挥政府的主导作用，加大各级财政的投入力度，同时鼓励企业、农民、社会积极参与，逐步建立一个由政府、企业、农民、社会等共同参与的多元化成本分担机制。

首先，充分发挥政府的主导作用。推进市民化是各级政府义不容辞的重要责任。要明确中央、省和市县政府的职责分工，就业扶持、权益维护、子女义务教育、计划生育、公共卫生、社会救助、保障性住房等方面的投入，主要由市县政府承担；中央和省级政府通过加大转移支付力度，设立专项转移支付，加大对农业转移人口集中流入地区的支持，并在技能培训、义务教育、公共卫生、社会保障等方面给予相应补助，对市民化成效突出的市县实行奖励。

其次，鼓励企业和社会广泛参与。在政府的引导和资助下，鼓励企业、中间组织和居民广泛参与，分担农业转移人口市民化的成本。尤其要调动企业的积极性，参与分担就业培训、权益维护、社会保障和住房条件改善等方面的成本。要积极引导企业加强对农业转移人口的就业培训，参与公租房、廉租房建设，集中建立农民工宿舍或公寓，改善农民工居住社区环境。同时，要强化企业的社会责任，加强农民工的劳动保护，及时足额为农民工缴纳相关保险费用，提高农民工参与城镇社会保险的比例。

第三，积极探索农民“带资进城”。农民进城获得城镇户口，实现市民化，不能以放弃农村土地和集体资产权益为前提，而应把农民市民化与农村产权制度改革有机连接起来，通过对承包地、宅基地、林地等的确权颁证和集体资产处置，建立完善农村产权交易体系，将农民在农村占有和支配的各种资源转变为资产，并将这些资产变现为可交易、能抵押的资本，使离开农村进入城镇的农民成为有产者，让农民带着资产进城，从而跨越市民化的成本门槛。很明显，让农民带资进城是跨越市民化成本门槛的有效途径和必然选择。

【参考文献】

1. 国家人口和计划生育委员会流动人口服务管理司，2012：《中国流动人口发展报告2012》，中国人口出版社。

2. 国家统计局，2012：《2011年我国农民工调查监测报告》，2012-04-27。

3. 国家统计局农村司，2010：《2009年农民工监测调查报告》，2010-03-19。

4. 国务院发展研究中心课题组，2011：《农民工市民化：制度创新与顶层设计》，中国发展出版社。

5. 国务院研究室课题组，2006：《中国农民工调研报告》，北京：中国言实出版社。

6. 金三林，2013：《农业转移人口市民化制度创新与对策》，《东方早报》4月2日。

7. 金中夏、熊鹭，2013：《农业转移人口市民化道路怎么走》，《经济日报》1月31日。

8. 刘传江等，2009：《中国第二代农民工研究》，山东：山东人民出版社。

9. 王桂新等，2008：《中国城市农民工市民化研究》，《人口与发展》第1期。

10. 郧彦辉，2009：《农民市民化程度测量指标体系及评估方法探析》，《学习与实践》第8期。

举家外出的农民工融入城市现状和程度的实证研究[①]

——对在北京务工的500个农民工家庭的访谈数据分析

纪　韶[②]

随着我国工业化和城镇化的加速推进，农民工在流动性、流动方向和结构上发生了很大变化，目前，正在发生由“亦工亦农”向“全职非农”转变，由“城乡双向流动”向“融入城市”转变，由“寻求谋生”向“追求平等”转变。2011年，有关中国流动人口的两个数据引起社会高度关注：中国城镇人口比重超过了51.27%，城乡人口分布格局发生了历史性的变化；全国流动人口数量是2.3亿，比2010年增加了900万。流动人口占全国总人口的17%，6个中国人就有一个在流动。

由于农村劳动力融入城市受众多因素综合影响，目前农村劳动力市民化的长效机制还没有形成，农村劳动力进得了城，但留不下的种种问题仍很突出。“十二五”是我国经济结构调整、社会转型、政府转型关键的五年，破解“十二五”现实难题都与农村劳动力融入城市直接或间接相关。农村劳动力融入城市的问题解决，既是“十二五”推进城市化进程的重头戏，也是“十二五”推进城乡一体化的突破口。

课题组对固定观测的500个农民工家庭进行了入户问卷访谈。此次调查的时间为2011年11月至2012年3月，调研对象界定为：18－45岁，在北京

① 研究得到国家社会科学基金项目《中国失业预警理论模型的应用和完善研究》（编号：09BJL020）资助。

② 纪韶，首都经济贸易大学劳动经济学院教授，经济学博士，博士生导师。

制造业、建筑业、服务业、交通运输业、餐饮业等就业五年以上小孩儿在京读书的500个农民工家庭。45岁以上的农民工的有关统计数据仅用于对照分析。符合条件的问卷470份，占样本比例的94%，其他30个家庭的户主为45岁以上的农民工。采用EPIdata3.1软件对调研问卷进行规范录入。

一、举家外出的农民工融入城市现状

（一）在京农民工家庭的基本情况

1.在京农民工个人基本情况。被调查的农民工中91.17%为农业户口，男性占62%，6.07%为共青团员，2.23%为党员。初中及初中以下文化程度占80.13%，约有34.21%的农民工没有接受完九年义务教育就进城务工。

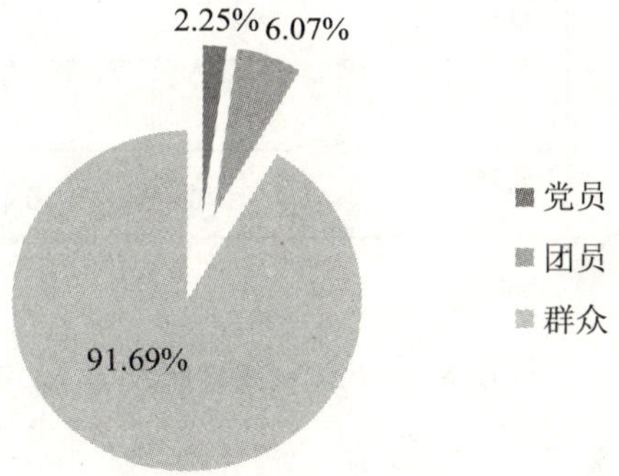

图1　农民工的政治面貌

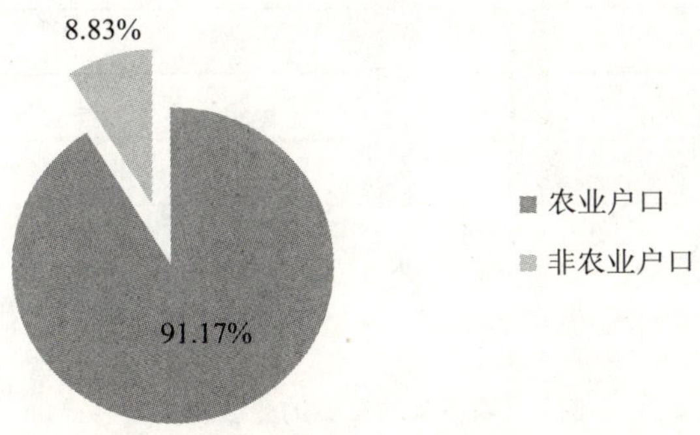

图2　农民工户口类型

2. 在京农民工婚姻及配偶情况。被调查的农民工中94.05%已婚，0.66%离婚，0.44%丧偶，4.85%未婚。农民工配偶受教育程度在初中及初中以下的占总体的87.59%，农民工的配偶外出就业的占79.63%，95.29%是夫妻同城就业，85.32%农民工结婚对象选择为同乡。农民工配偶的月收入在960元以下的占20.06%，960元至1500元之间的占45.45%，1500—2000之间的占16.93%，在2000—3000之间的占11.60%，5.96%的月收入在3000元以上。20%的人月收入低于北京市最低工资标准。

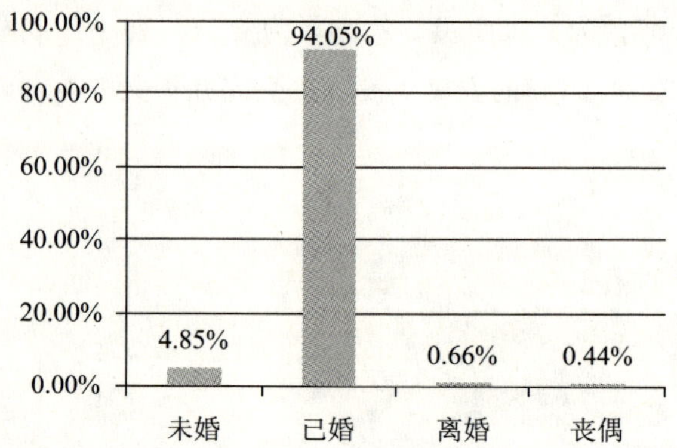

图3　农民工的婚姻状况

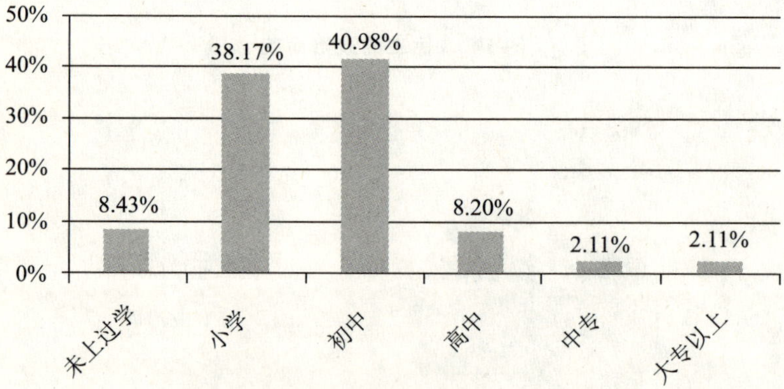

图4　农民工的配偶的受教育程度

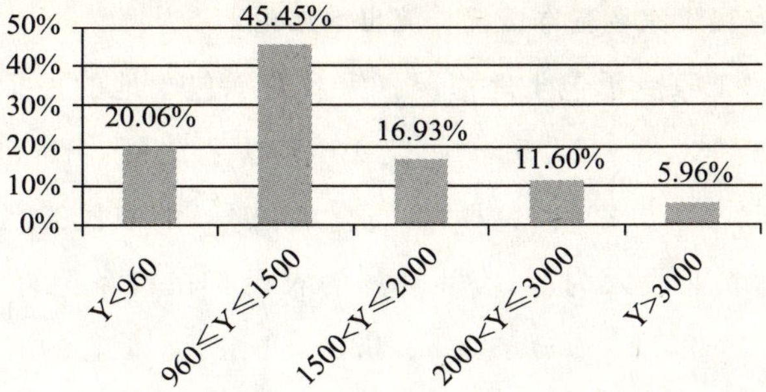

图 5　农民工的配偶外出就业的月收入

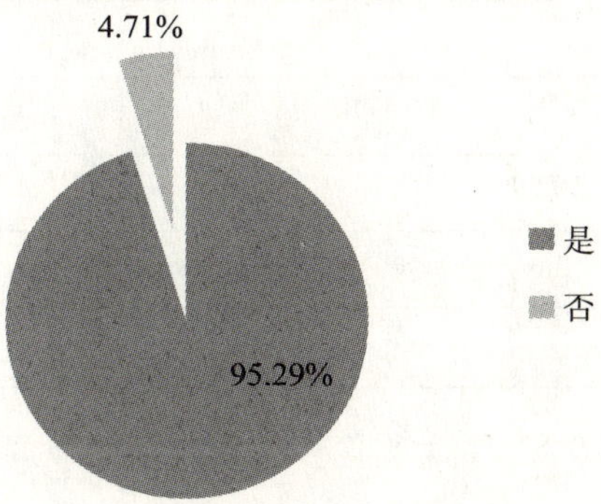

图 6　配偶是否与自己同城就业

3. 在京农民工子女情况。被调查的农民工中有 97.5%已经为人父母，其中，有 1—3 个及以上子女的数据：22.27%、57.05%、18.19%。75.54%的农民工将子女随迁在自己务工城市。

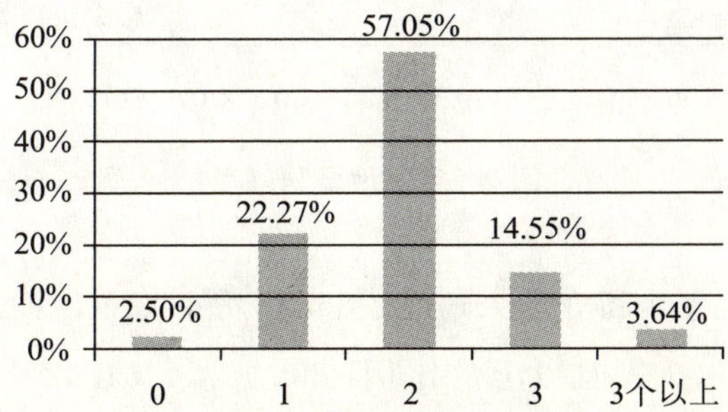

图 7　农民工随迁的子女人数

（二）在京农民工家乡基本情况（流出地结论）

1. 在京农民工家乡承包土地情况。家乡有承包土地的占79.06%，其中，0—1、1—2、2—3、3—5、5—10及10亩以上比例：10.59%、16.47%、16.94%、18.35%、15.29%、1.41%。有20.94%的农民工已经将承包土地永久性转包，即农业收入为零。66.39%的农民工在家乡拥有宅基地，其中：宅基地面积在0—0.3、0.3—0.5、0.5—1亩及以上的比例：21.85%、23.25%、15.41%、5.88%，33.61%的农民工在家乡的宅基地面积为0。

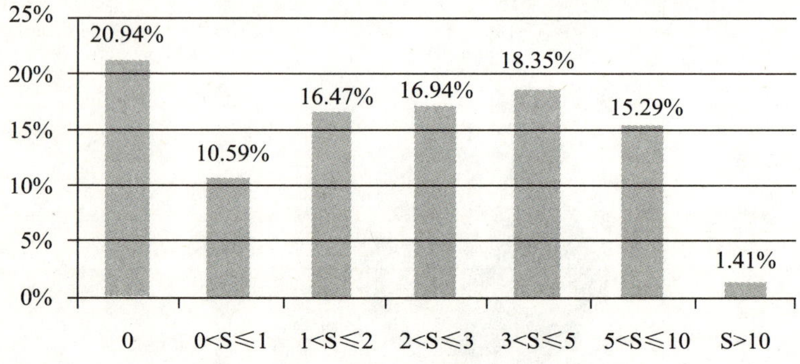

图8　承包土地面积（亩）

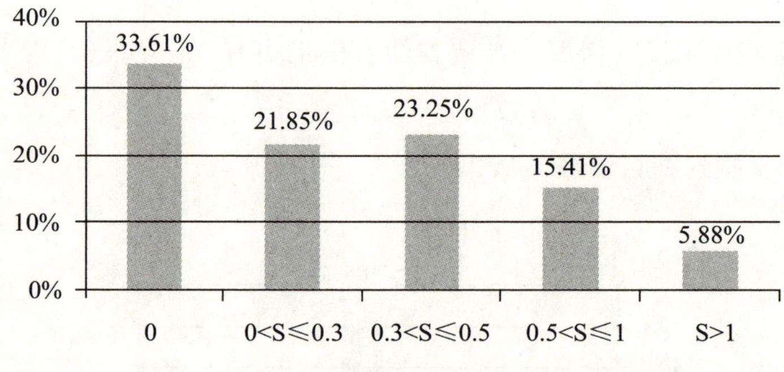

图9　宅基地面积（亩）

2. 在京农民工家乡留守老人情况。85.62%的农民工家庭中有需要赡养的老人，其中，有1—3人及以上的比例：30.49%、51.42%、18.09%。留守老人中有收入来源的占47.12%，通过经营农业获得收入的占35.60%，依靠政府提供的社会保障获得收入的仅占 4.71%；有 4.45%的老人有少量退休金，有 1.05%的老人通过享受村组织福利获得收入。在有收入来源的老人中，年收入在 1000 元以下、1000－2000 元、3000－5000、5000 以上的数据：31.67%、1000－2000 元、3000－5000、5000 以上的占 15.83%。老人在 2010 年全年看病花费约有 70%在 1000 元以上，约 24%在 5000 元以上。

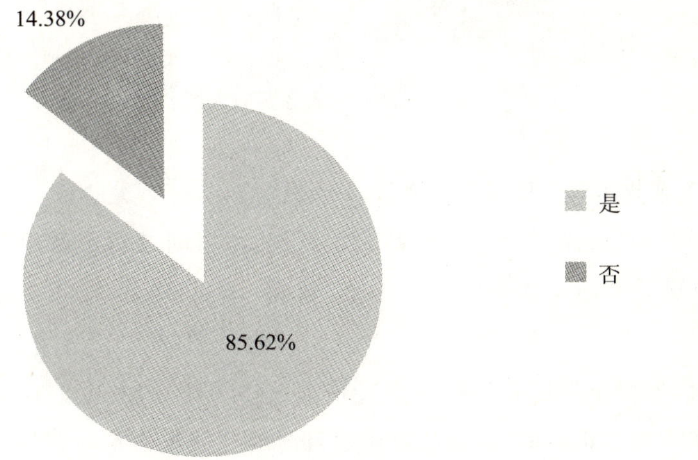

图 10　家中是否有需要赡养的老人

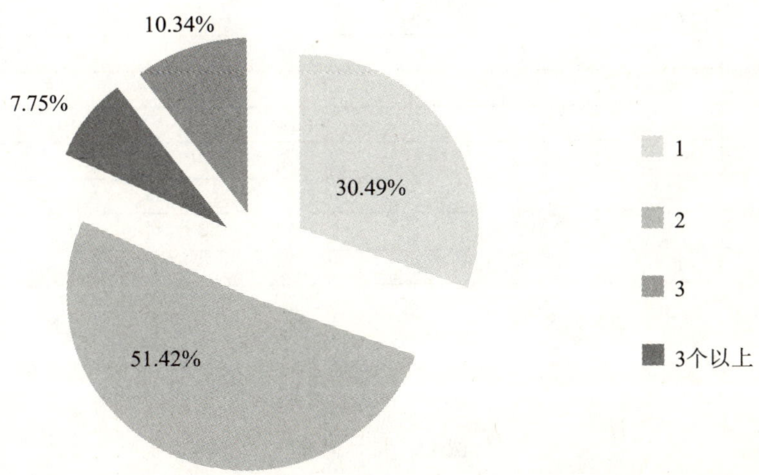

图 11　家庭中需要赡养的老人的数量

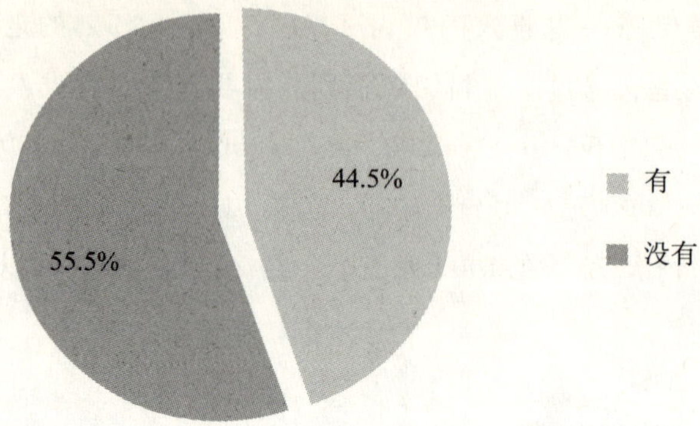

图 12　家中老人是否有人照料

（三）农民工在京接受培训情况

82.14%自己支付全部培训经费，17.86%培训经费由政府资助。培训费用在 1000 元以下、1000－2000 元、2000－3000 元、3000 元以上数据：27.27%、21.21%、18.18%、6.06%。82.01%的农民工没有技能培训证书，69.13%的农民工进厂时没有接受过培训，19.57%的农民工在进厂时接受过一般的引导性培训。80.17%的农民工目前的技能没有等级，6.47%的农民工为中级技工，0.86%的农民工是高级技工。

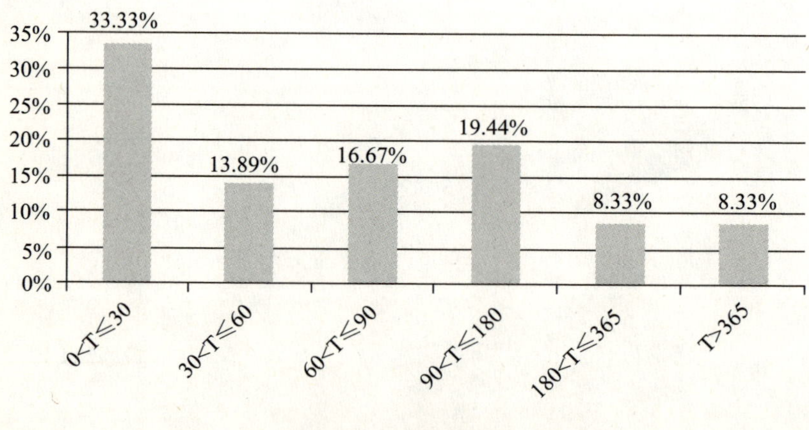

图 13　培训时间

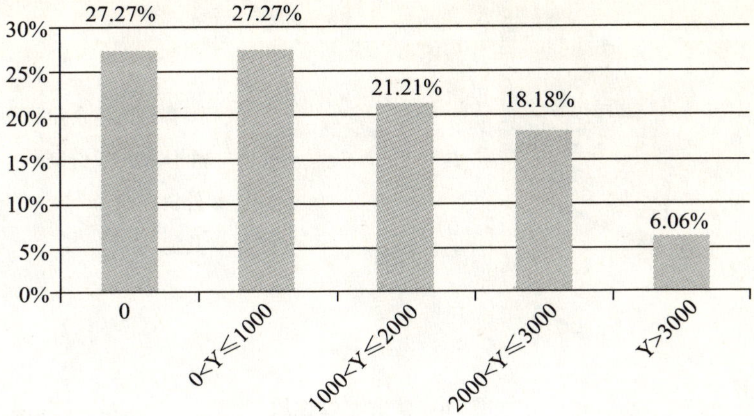

图 14　培训经费

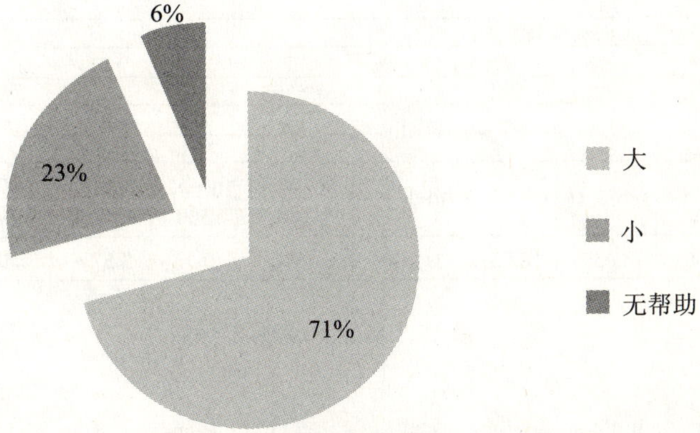

图 15　培训对外出就业帮助大小

（四）农民工在京就业质量及创业情况

1. 农民工在京就业的行业和企业规模。就业于私企、国企、外企、传统服务业的比例：57.71%、10.36%、1.62%、30.42%。农民工在京就业单位的规模 33.33%在 3 个人以内，18.65%为 3－10 人，18.65%为 10－30 人，11.51%在 30－50 人，6.75%在 50－100 人，4.76%在 100－500 人，3.57%在 500－1000 人，2.38%在 1000－2000 人，0.4%在 2000 人以上。70.63%就业规模在 50 人以内。

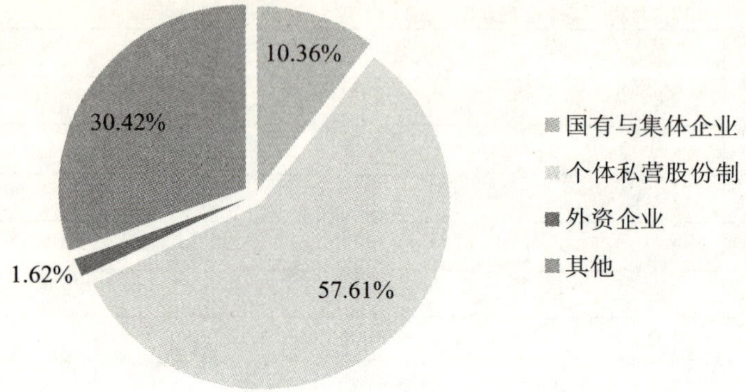

图 16　就业单位性质

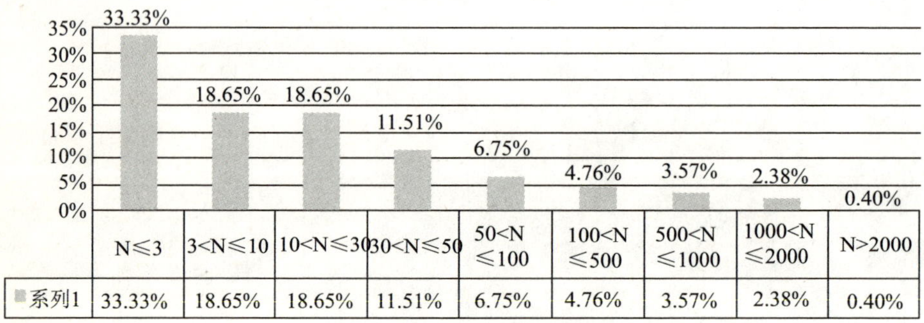

图 17　就业单位规模

2. 农民工在北京创业情况。39.11％属于自营类，95.14％是和家人合伙经营。家庭投资在 1000 元以内、1000－3000、3000－5000、5000－10000、10000－30000、30000－50000、50000－100000 元及以上数据：27.71％、12.65％、11.45％、16.87％、16.27％、3.01％、6.63％、5.42％。投资 3 万元及以下的占 84.95％。56％的农民工家庭没有借款，借款额/总投资比例在 30％、30％－50％、50％－80％、80％－100％的比例：4％、16％、8％、2％。借款渠道为借亲戚和朋友。

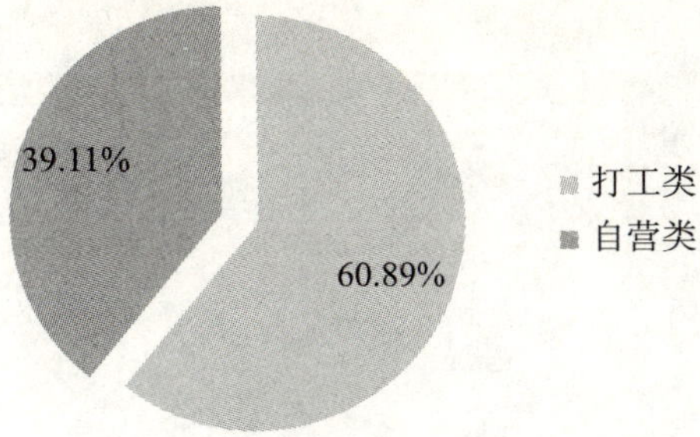

图 18　工作性质

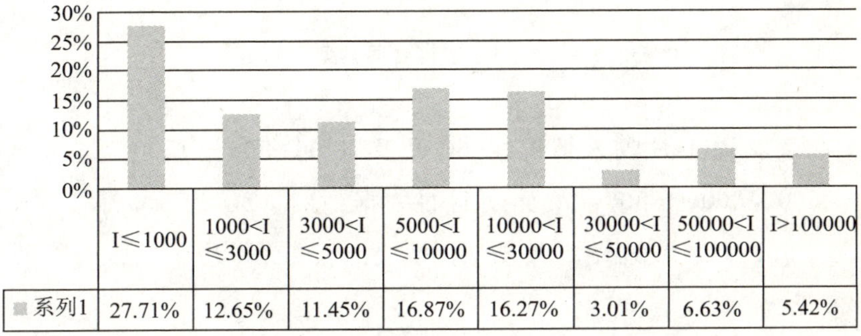

图 19　家庭投资金额（元）

3. 在京农民工劳动权益保护情况。在35%签订劳动合同的农民工中，签订有固定期限劳动合同的占77.65%，19.74%签订了以完成一定工作为期限的劳动合同，5.26%签订的是无固定期限劳动合同。固定期限合同期限在12、12－24、24－36个月及以上的数据：71.93%、10.53%、14.04%、3.51%。

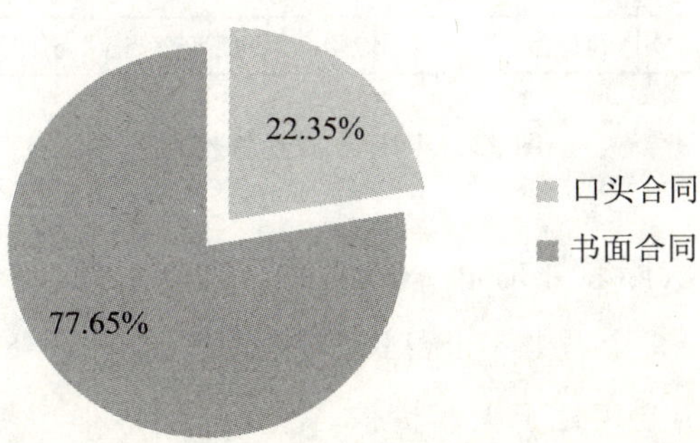

图 20　签订合同类型

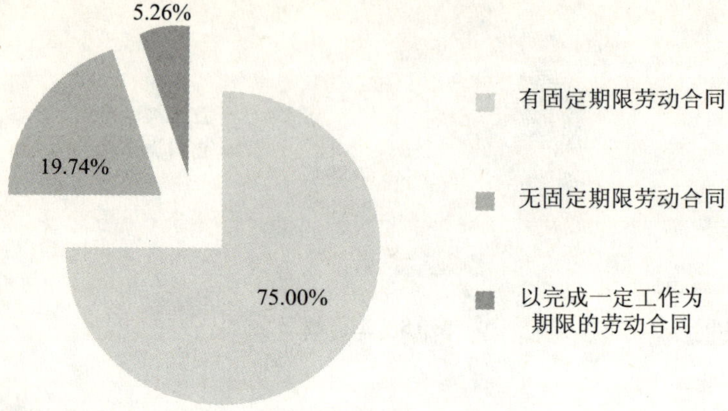

图 21　签订合同类型

4. 在京农民工月收入情况。960 元及以下、960－1500、1500－2000、2000－3000、3000－5000 元及以上的数据：13.19%、41.59%、27.47%、12.45%、5.13%、0.37%。调查期内，农民工平均月总工资收入为 1718.28 元。

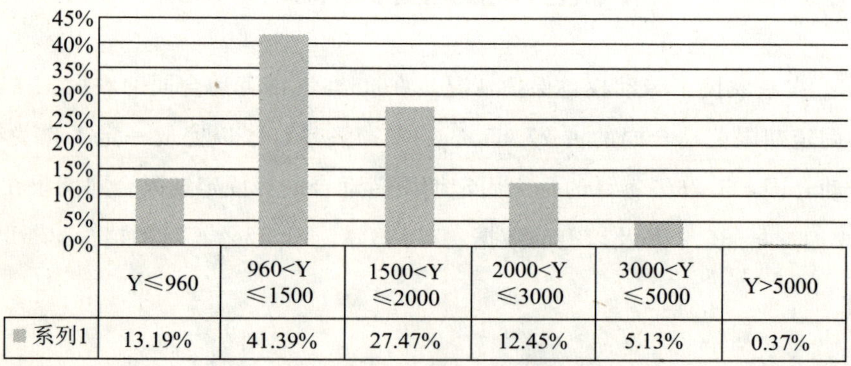

图 22　平均月工资总收入

5. 农民工在京实际就业时间。2010 年，在京农民工实际就业时间在 11 个月、10 个月、6－9 个月、6 个月以下的数据：73%、8%、9%、7%，有 3%的农民工 2010 年全年处于失业状态。

	0	T≤6	6<T≤9	T=10	T=11	T=12
系列1	3%	7%	9%	8%	6%	67%

图 23　2010 年在外打工实际工作时间

6. 农民工在京医疗保障情况。2010 年，43％的农民工生过病或受过伤，73.22％的农民工看过医生。97.81％自付费用，1.46％是医保报销，0.73％由老板/单位支付。

	自家收入和积蓄	亲友无偿支援和借支	用人单位支付	用人单位借	社会保险部门支付
是	52%	16%	40%	4%	8%
否	48%	84%	60%	96%	92%

图 24　治疗费用支付方式（多选）

（五）农民工在北京的消费支出情况

1. 在京农民工家庭月平均生活消费总支出。总支出在 1000—2500 元的占总体的 68.81％。食品支出在 30—70％的比例 78.12％。

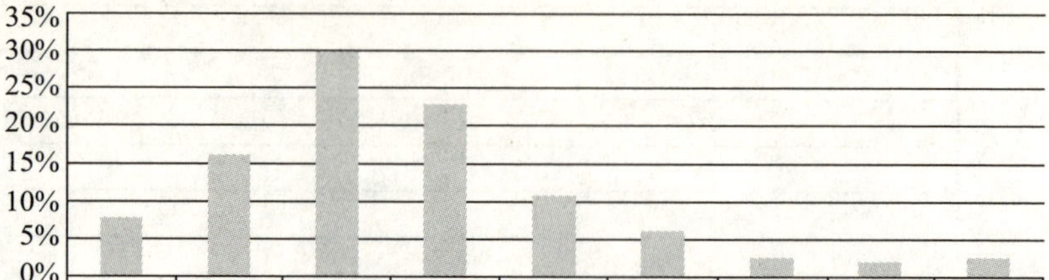

	0<3≤1000	1000<C≤1500	1500<C≤2000	2000<C≤2500	2500<C≤3000	3000<C≤3500	3500<C≤4000	4000<C≤5000	C>5000
系列1	7.74%	16.15%	29.87%	22.79%	10.62%	5.97%	2.43%	1.99%	2.43%

图 25　家庭月平均生活消费总支出

2. 在京农民工其它支出情况。租房费在 500 元以内占 87%，月平均交通支出在 30 元以内占 67.85%，月通讯费在 100 元以内占 76.85%。往返路费在 100—1000 元的占 81.71%，农民工主要来源于周边省市和地区。

	C3≤300	300<C3≤500	500<C3≤700	700<C3≤1000	C3>1000
系列1	33.86%	52.73%	7.50%	4.55%	1.36%

图 26　月平均房租

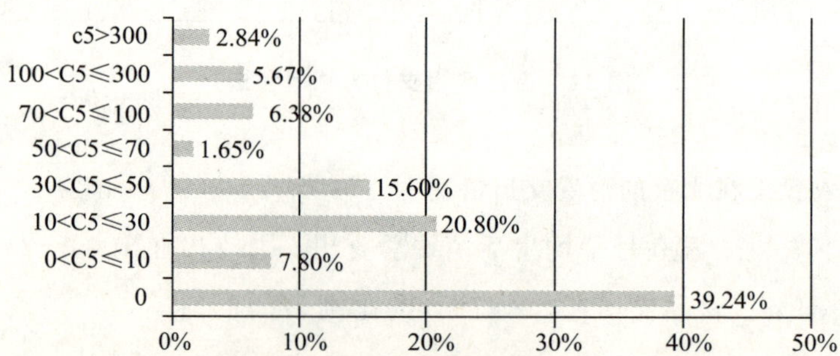

图 27　月平均交通支出

3. 在京农民工子女教育消费情况。87.90%的随迁子女在民工子弟学校就学，10.08%的子女就读于公办学校，1.01%的子女就读于城市高收费的民办学校，1.01%的子女就读于其他类型的学校。一学年学杂费在3000－4000元的占63.35%。83.33%的子女辍学前就读于初中，主要原因是个人厌学情绪得不到有效疏导和家庭经济困难。

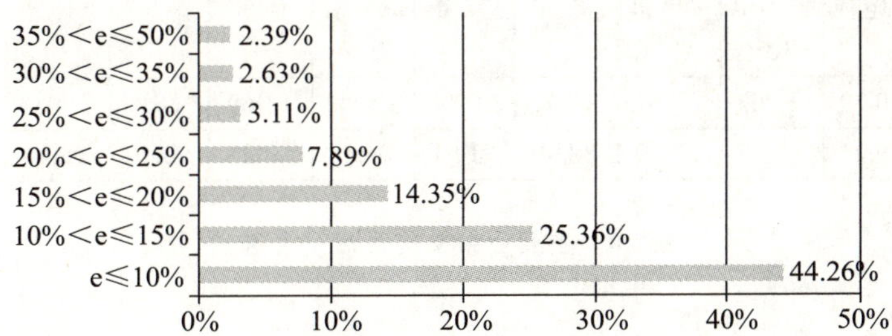

图 28　子女教育支出/生活消费总支出

（六）在京农民工居住现状

1. 在京农民工居住地点。93.35%的农民工租房于城乡结合部，4.43%居住在单位的集体宿舍（包括建筑工棚），0.22%居住在政府提供的廉租房，0.22%居住在自购商品房，1.77%选择其他的居住方式。

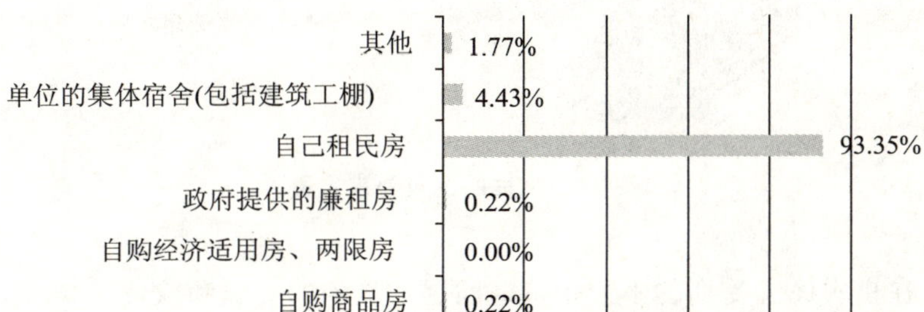

图 29　在务工地居住形式

2. 在京农民工业余生活。农民工业余生活排名：看电视、休息、看书报杂志、聊天、上网打游戏、打扑克、打牌的数据：70.79%、51.69%

13.03%、12.81%、11.01%、8.09%。

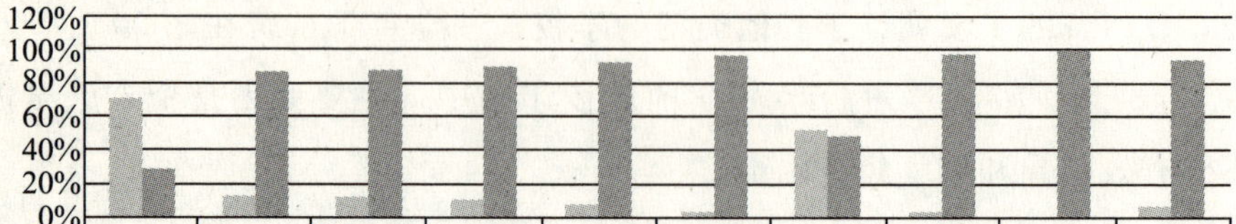

	看电视	学习、看书报杂志	聊天、上网打游戏	打扑克打牌	逛大街	上网查找有用信息	休息	体育锻炼	看电影	其他
是	70.79	13.03	12.81	11.01	8.09%	3.82%	51.69	3.60%	0.90%	7.19%
否	29.21	86.97	87.19	88.99	91.91	96.18	48.31	96.40	99.10	92.81

图 30　主要业余文化生活（多选）

3. 在京农民工的社会交往。与同县、同省老乡、其他农民工交往的比例：29.06%、12.59%、58.35%。69.25%的农民工和当地人基本没有联系。

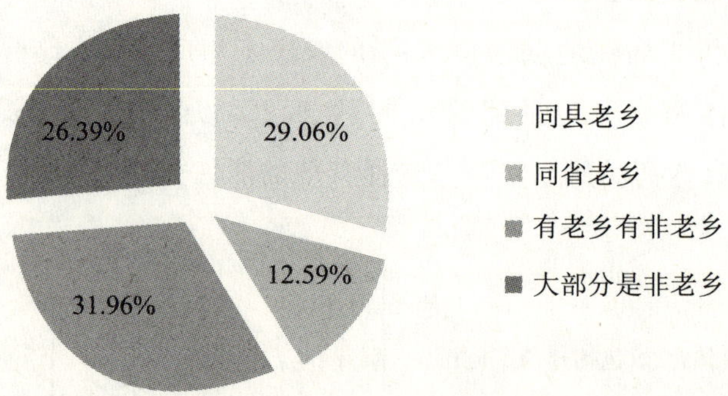

图 31　交往的主要外来人员

4. 在京农民工受到的不公正待遇问题。受到的委屈和欺负，40.76%的农民工回答来自其他外地人，57.96%来自北京人。39.63%的农民工认为在寻找就业岗位上没有得到公平待遇，24.71%认为在同工同酬方面，52.68%认为在社会保障方面，80.89%认为在子女就学方面，51.05%认为在住房保障方面，15.85%认为在参加社区选举权、知情权、管理权和监督权方面。

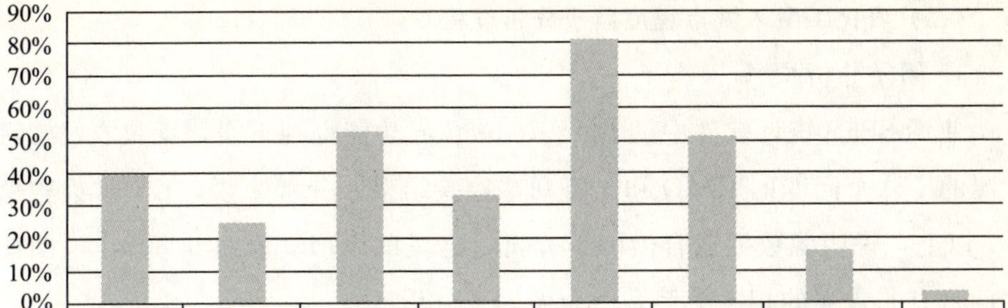

	寻找就业岗位	同工同酬	社会保障	低保	子女就学	住房保障	参加社区选举权、知情权、管理权、监督权	其他
系列1	39.63%	24.71%	52.68%	33.10%	80.89%	51.05%	15.85%	3.50%

图 32　与城市居民相比，在哪些方面没有得到公平待遇

二、　农民工融入城市程度的实证分析

（一）农民工融入城市程度的因子分析对象选择

反映农民工融入城市程度的问题共 18 个，如下表：

1	我很喜欢这座城市	10	我子女与他的同学相处得很好
2	我完全能适应这里的生活	11	我愿意学习更多技术在城里发展
3	我很想参加社会活动	12	不管有再大困难我也不回农村去
4	我和单位同事关系很好	13	我将在城市养老
5	我愿意主动与城里人交往	14	我认为我现在是城里人
6	我觉得大部分城里人对我很友好	15	我很希望我的孩子成为城里人
7	我对我现有的职业很满意	16	如果有存款，我想买股票、债券
8	我对现有生活非常满意	17	您在单位的职务是什么
9	我对城市的就业政策很满意	18	您现在一个月的工资收入是多少

（二）农民工融入城市程度因子分析过程

1. 因子分析检验

使用 SPSS 统计软件中的 Data Reduction 功能得到下表，反映农民工融入状况的十八个问题的 KMO 和巴特利球检验结果。一般来说，KMO 检验值在 0.7 以上，说明源数据适合做因子分析，这里的 KMO 值为 0.802。说明变量之间具有非常强的相关关系，适合做因子分析。

KMO and Bartlett's Test		
Kaiser-Meyer-Olkin Measure of Sampling Adequacy.		0.802
Bartlett's Test of Sphericity	Approx. Chi-Square	1.056E3
	df	153
	Sig.	0.000

2. 因子提取

用主成分分析法提取因子，从下面用于确定因子数目的碎石图中可以看到，前四个因子对特征值的解释程度比较高。

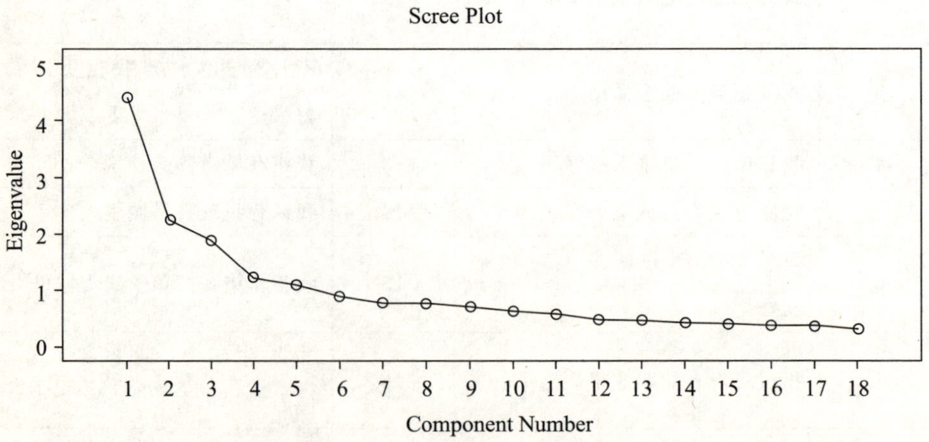

因子解释

总方差解释									
因子	初始特征值			提取的平方负荷总和			旋转的平方负荷总和		
	总量	方差百分比	累计百分比	总量	方差百分比	累计百分比	总量	方差百分比	累计百分比
1	4.416	24.531	24.531	4.416	24.531	24.531	4.099	22.770	22.770
2	2.243	12.459	36.990	2.243	12.459	36.990	2.119	11.773	34.543
3	1.859	10.325	47.316	1.859	10.325	47.316	2.092	11.624	46.167
4	1.220	6.778	54.093	1.220	6.778	54.093	1.427	7.926	54.093
5	1.093	6.070	60.163						
6	0.890	4.945	65.108						
7	0.772	4.289	69.398						
8	0.766	4.255	73.653						
9	0.706	3.923	77.576						
10	0.614	3.413	80.969						

3. 因子得分——融入度

本文利用因子得分来构建判断融入程度的指标一融入度。定义的融入度为经济、社会、心理和未来因子得分的加权求和，各个因子得分的权重均为四分之一。最终得出融入度的值位于−6到8之间。

农民工市民化融入度

值	有效百分比%	累计百分比%
−6至−3	4.7	4.7
−3至−2	10.9	15.6
−2至−1	12.8	28.4
−1至0	24.2	52.6
0至1	21.8	74.4
1至2	10.4	84.8

续表

值	有效百分比%	累计百分比%
2至3	8.1	92.9
3至4	4.3	97.2
4至8	2.8	100

将经济、社会、心理和发展因子以及融入度分别作为因变量，选取性别、年龄、文化程度等变量作为自变量，进行回归分析。

回归检验结论

	经济因子（模型一）	社会因子（模型二）	心理因子（模型三）	发展因子（模型四）	融入度（模型五）
常数	0.68	−0.27	−2.92	−1.60	−4.11
政治面貌	0.23	0.25 * *	0.33 * *	0.14	0.95 * *
性别	0.07 * *	−0.05 * *	−0.18	0.63	0.48
教育程度	072 * *	0.04	0.10	0.30 * *	1.16
婚姻状况	0.18 * *	−0.08 * *	−0.12	0.15	0.13 * *
打工年数	0.01	0.14 * *	0.10 * *	−0.05	0.20 * *
合同签订	0.12	0.03	0.01	0.06 * *	0.22
工作时长	0.05 * *	−0.06 * *	0.16	−0.08	0.07 * *
工资发放	0.15	0.06	0.08 * *	0.04	0.33
培训	0.10 * *	0.04	0.03	0.06 * *	0.23
年龄	−0.07 * *	0.01 * *	0.04	−0.06	−0.08 * *

注：表中带有 * * 的数值均通过95%显著性检验

（三）融入度解读

1. 融入阶段

经济、社会、心理三个融入阶段依次递进，目前判断初步完成可经济融入阶段。

2. 融入评价

（1）性别融入度系数为0.48，说明性别对农民工融入城市有正向影响，男性比女性的经济融入高0.07，社会融入低0.05，心理融入低0.18，发展融入高0.63。

（2）年龄融入度系数为－0.08，说明年龄对农民工融入城市有负向影响，年龄每提升一个等级，经济融入降低0.07，社会融入升高0.01，心理融入升高0.04，发展融入降低0.06。

（3）政治面貌融入度系数为0.95，说明政治面貌对农民工的融入有显著影响。党员身份比非党员身份的农民工经济融入高0.23，社会融入高0.25，心理融入高0.33，发展融入高0.14。

（4）教育程度融入度系数为1.16，通过了显著性检验。教育程度每提升一个等级，经济融入升高0.72，社会融入升高0.04，心理融入升高0.1，发展融入升高0.3。

（5）婚姻状况融入度系数为0.13，通过了显著性检验。已婚农民工比未婚农民工的经济融入高0.18，社会融入低0.08，心理融入低0.12，发展融入高0.15。

（6）打工年数融入度系数为0.2，通过了显著性检验。在外打工年数每提升一个等级，农民工经济融入提高0.01，社会融入提高0.14，心理融入提高0.1，发展融入降低0.05。

（7）合同签订情况融入度系数为0.22，说明合同签订对农民工城市融入有正向影响，但影响不显著。已签订劳动合同农民工比未签合同的农民工的经济融入高0.12，社会融入高0.03，心理融入高0.01，发展融入高0.06。

（8）工资发放融入度系数为0.33，说明对农民工城市融入有正向影响。工资正常发放农民工的经济融入高0.15，社会融入高0.06，心理融入高0.08，发展融入高0.04。

（9）培训状况融入度系数为0.23，说明培训情况对农民工城市融入有正向影响，但不显著。接受过培训的农民工比未接受过培训的经济融入高0.1，社会融入高0.04，心理融入高0.03，发展融入高0.06。

三、 农民工融入城市障碍

(一) 制度上的限制是影响农民工融入城市的主要因素

1. 政府对农民工提供的公共就业服务严重不足。促进就业是一项公共政策，各国政府都发挥着重要作用。21世纪以来，我国政府的公共就业服务体系在解决农民工问题上发挥的作用越来越大，但与庞大的农民工就业需求相比，政府对农民工提供的公共就业服务仍有很大缺口。表现在：公共就业服务体系在农村基础薄弱，相关政策措施和用工信息没有传递到农民工手中；以城市居民为主要服务对象的就业服务模式，即通过组织招聘洽谈或登记的方式，对流动性大、低层次的劳动力也不适用；农民工想返乡创业或就业，获得政策和就业信息很难。国家至今没有建立起农民工就业统计和信息发布制度和就业预警机制，面向农民工的就业信息，纵向短路，横向阻隔，各机构之间信息缺乏沟通。

2. 农民工的合法劳动权益没有得到切实的保障。尽管在保障农民工劳动权益方面取得了明显的进展，但仍存在薄弱环节和突出问题；尽管法律法规保护平等就业，但由于有关法律执行不到位，对农民工的就业歧视现象仍很严重，同工不同酬、劳动用工管理不规范、合同签约率低、劳动安全条件差、职业病和工伤事故多等问题屡见不鲜。

3. 农民工的社会福利严重缺失。许多进城的农民工子女尚未纳入城市的公办义务教育体系；农民工参加城镇养老、医疗等社会保险比率很低；农民工住房尚未纳入城镇住房保障体系，成为融入城市的最大障碍；农民工民主权利缺失等。调研还发现：政策运作和实施缺乏必要的社会基础；政策目标仅限于解决社会问题和维护社会稳定，没有上升到促进农民工融入城市的层面；大多数政策是补偿性的政策，缺乏发展性的政策。

(二) 农民工融入城市的程度与流动就业类型和个人素质有关

从调研数据和因子分析的结论看，目前农民工融入城市程度还很低。研究表明，融入度数值越高，农民工对城市生活的满意度越高，定居城市的愿望就越强烈。本次数据得出融入度取值范围位于3以上的仅占7.1%。影响融入度的关键因子涉及到经济、社会、心理、就业、健康、人力资本。

目前多数农村劳动力仍选择“候鸟式”流动模式。这种在城乡之间、在工业和农业之间的双向流动是一种就业型的流动模式，城市对其仅仅是经济上的接纳；在北京就业的农民工多是就业型的流动者。我国农民工从就业型融入走向定居型融入要经历经济、社会和心理三个融入阶段，其演变是依次递进的。经济融入是立足城市的基础，社会融入反映了融入城市的广度，心理融入是参与城市生活的深度。目前我国大部分的农民工初步完成了在城市的经济融入，在走向社会和心理融入阶段的主要障碍是城市文化的排斥和城市生活成本的增长；这一障碍影响他们对城市的价值取向和融入速度。导致城市文化排斥和工资水平的重要因素是农民工的综合文化素养；教育、培训、工作经历是农民工人力资本积累的重要方式，对其提高综合素养并在城市长期生存和发展具有显著影响；人力资本越强的农民工融入城市的速度越快。对于农民工来说，这种人力资本的提升除了正规教育外，职业培训具有重要意义。因子分析结论：目前，学历教育的年限对农民工融入城市的作用较明显，城市职业培训的关键作用尚未充分体现出来。

从政策制定角度看，1. 对农村劳动力转移培训的专门立法缺失。我国还没有一部专门针对农村劳动力教育培训方面的专门法律法规，虽然现行的教育法、职业教育法、农业法、农业技术推广法、劳动法等都从不同的侧面涉及到农民培训问题，但这些法规对规范农民培训针对性不强，我国农村劳动力培训无法可依，依法施教成为空谈。这使得农村劳动力培训的管理制度缺失，缺乏统一协调的管理体系。2. 农村劳动力培训的费用严重不足，政府列支的专门用于农民工的培训经费少，已有经费的使用效率低，耗费和浪费较大。这使得地方政府开展的转业培训和就业服务培训主要针对当地人，所补贴的也是本地户籍者，外来工依然没有被纳入政策范围。3. 对农村劳动力进行培训的公益性培训机构短缺，已有的公共培训机构基本被商业化，不能适应对外来农民工的免费和低费培训的需要。培训流于形式，务实差，实效差，所采用的培训方式不适合农村劳动力的特点。

从政策执行角度看，政府在农村劳动力培训的投入、服务的提供、权力的配置等工作成了中央政府与地方政府、地方政府之间、政府与企业之间博弈的平台。农村劳动力流入地与流出地的政府之间如何分担投资等问题没有明确规定。在“十二五”期间，建立起农村劳动力转移就业的长效机制，通过各类成人教育、职业培训，继续促进农民工人力资本的提升和改善，为其在城市稳定就业创造条件。提高农民工收入水平最重要的是提高他们受教育的状况，即主要通过加大对农民工的人力资本的投入来提高来农民工在劳动力市场上的收入地位，而不是仅仅依赖提高最低工资标准。

四、 结语

1. 农民工市民化的过程就是公共服务均等化的过程，推动农民工市民化就必须以扩大就业为前提。

2. 农民工流动模式主要有两种：就业型和定居型。在京的农民工多为就业型的流动者。农民工从就业型融入走向定居型融入要经历经济、社会和心理三个融入阶段，其演变是依次递进的。经济融入是立足城市的基础，社会融入反映了融入城市的广度，心理融入是参与城市生活的深度。

目前，在京农民工融入城市的主要障碍：城市生活成本的增长和城市文化的排斥，这一障碍影响他们对城市的价值取向和融入程度。

【参考文献】

1. 郭志刚．2006，《社会统计分析方法——SPSS软件应用》，北京：中国人民大学出版社。

2. 张文宏．城市新移民社会融合的结构、现状与影响因素分析［J］．社会学研究，2008.5

3. 刘建娥．乡—城移民（农民工）社会融入的实证研究［J］．人口研究，2010.5

4. 李培林．农民工在中国转型中的经济地位和社会态度［J］．社会学研究，2007.3

5. 丁宪浩．农民工社会融入问题分析［J］．财经科学，2006.10

关于农民工早退的调查及政策建议

郭万达[①]

在城市化滞后于工业化的背景下，我国农村劳动力在向城市转移过程中存在“农民工早退”现象。大量农民工进城从事非农产业，但受现有土地制度、户籍制度、社会保障制度等因素的制约无法稳定地融入城市，在工作到一定年限后便回到农村，“过早”地退出了城市劳动力市场。当农民工不能满足城市非农产业需求时，城市将出现“民工荒”以及农村存在剩余劳动力并存的局面，早退回农村的农民工处于非充分就业状态。

为了印证这个观点，综合开发研究院课题组在重庆巫溪、广东深圳、福建泉州以及杭州、无锡等农民工流入地和输出地进行了相应的问卷调查。

一、 重庆市巫溪县中年农民工返乡的调查

重庆市巫溪县地处渝东北边陲、大巴山东段南麓的渝陕鄂三省（市）交界处，东接湖北省神农架林区及竹山、竹溪两县接壤，北连陕西的镇坪县。全县幅员面积4030平方公里，辖30个乡镇、298个行政村，总人口53万；巫溪山地占89%，水域占1%，耕地占10%，人均耕地面积不足1亩，其中陡坡地（大于25度）面积占耕地面积的30%，是典型的山区农业县、国家扶贫开发重点县，也是三峡库区移民县。由于经济发展条件较差，与重庆其他大部份县一样，本地农民以外出打工作为主要的就业渠道。

① 郭万达，综合开发研究院（中国·深圳）常务副院长，经济学博士，研究员。本文为深圳综研软科学发展基金会资助项目“农民工早退：理论、实证与政策”的部分调研成果。

本次调查[①]主要针对巫溪外出务工人员，且年龄主要是中年。共发放问卷500份，收回有效问卷439份。其中，男性受访者310人，占有效样本总体的70.6%；女性受访者129人，占样本总体的29.4%。在受访者年龄结构方面，56.09%的受访者中年龄在36至40岁之间，27.59%的受访者年龄在41—45岁之间，16.32%的受访者的年龄在46—50岁之间。在受访者文化程度来看，受访者的教育程度以初中为主，占样本总体的57.18%，其次是小学文化程度，占29.63%。

（一）农民工外出就业的情况

调查显示，上世纪80年代已出现农民外出务工现象，但这段时期外出打工的农民数量相对有限，这一时期外出务工的农民仅占本次调查样本总体的2.75%；90年代开始，外出务工的农民工数量出现大幅增加，外出务工的农民占样本总体的比例达到了21.05%；2000年之后迎来外出务工大潮，约76%的受访者是在2000至2010年间开始外出务工。

在务工目的地方面，176人只在一个城市从事过半年以上的长期工作，约占所有填答者的40.46%；196人曾在两个城市从事过半年以上的长期工作，约占所有填答者的45.06%；63人曾在三个或三个以上城市从事过长期工作，约占所有填答者的14.48%。在选择务工目标城市时，除了重庆外，北京、上海、广州、深圳四个一线城市成为了外出务工的主要选择，此外，珠三角和长三角经济发达的城市也是务工人员的主要聚集地，排名前十的务工目的地如图1所示。其中，北京、上海、广州、深圳、重庆等城市也受访者外出务工时间最长的城市。

外出务工人员在外地主要从事建筑、工业、交通物流业、餐饮、家政/美容、做生意等行业。其中，建筑业从业人员最多，占受访者总体的26.04%，做生意次之，占受访者总体的23.19%。六个主要行业的从业人员比例如图2所示。在所有383名填答者中，绝大多数人（315人，约占总体的82.25%）只从事上述六大行业中的一种行业；62人曾从事两种行业，约占总体的

① 本次调查由综合开发研究院（中国·深圳）课题组于2012年完成，课题组负责人为周林主任研究员。本次调查在当地农工部的协助下，选在外出务工人员回家过年的时间段，在样本的选择上，对属于外出务工人员有所侧重，因而全部样本结构与当地人口就业结构并不对应。

16.19%；还有 6 人表示曾从事过三种行业。

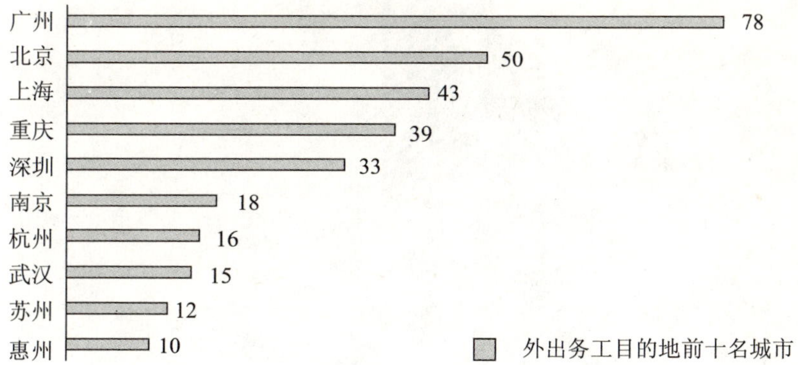

图 1　受访者外出务工主要目的地

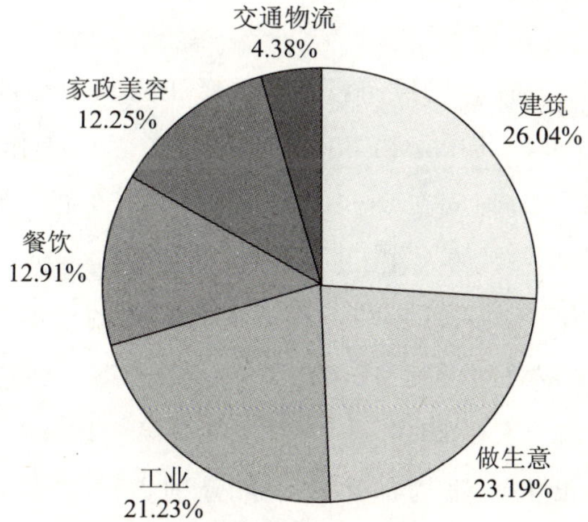

图 2　受访者从事的行业分布

在外出务工人员从事时间最长的行业中，排名前三位的分别是建筑业、工业和餐饮业。对于“您外出务工期间的时间最长的是什么工作”问题的回答情况如图 3 所示。29.72%的从事建筑业，23.93%的人选择了工业，18.89%的人选择了餐饮业，还有一些人选择了做生意、家政美容、和交通物流等行业。

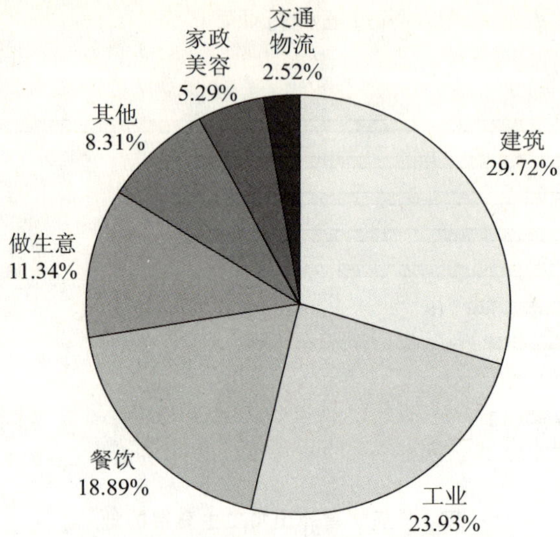

图 3　受访者外出务工从事最长时间的工作

约 139 人有过工厂工作的经历，在这些务工人员中超过 60％的人在工厂工作时间在 3 年以上，其中，约 33.09％的人在工厂工作时间在 3－5 年，23.74％的人在工厂工作时间在 6－10 年，另有 6.47％的人在工厂工作时间在 10 年以上。此外，22.3％的人在工厂工作时间为 1 年，14.39％的人在工厂工作时间为 2 年。在第一次入厂年龄方面，绝大多数的外出务工人员的第一次入厂年龄在 19－29 岁之间。其中，约 43.48％的人第一次入厂年龄在 19 岁到 25 岁之间，26.09％的人在 26 岁到 29 岁之间。第一次入厂年龄在 18 岁以下或 30 岁以上的外出人员比例都比较小，分别占受访者总数的 10.14％和 20.29％（如图 4 所示）。

这些人中多数曾经有过在不同城市工作的经历，例如，69.06％的受访者表示有在两个城市工作的经历，18.71％的受访者表示有在三个城市工作的经历，仅有 12.23％始终在一个城市工作（如图 5 所示）。调查数据显示，这些人员的务工目的地主要集中在北京、上海、广州、深圳和重庆等地，在这些城市工作的时间也最长。

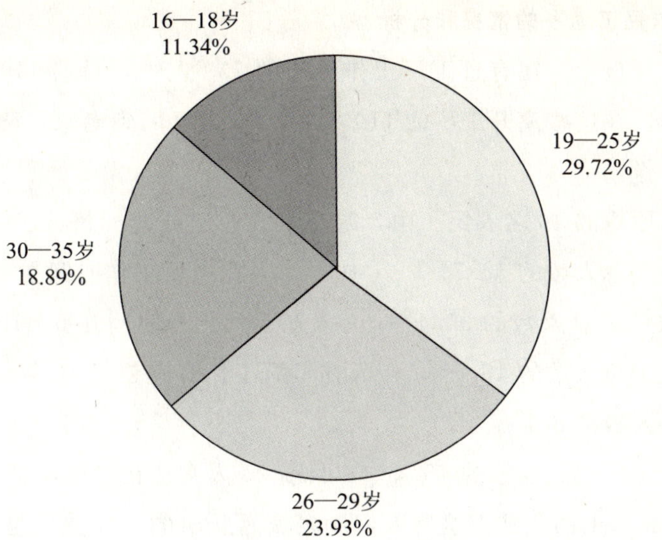

图 4　受访者首次外出务工年龄

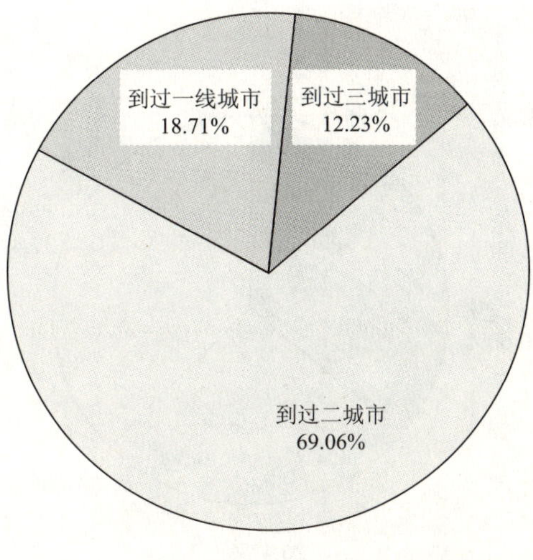

图 5　受访者外出务工所到城市情况

此外，从他们第一次外出务工时间来看，2009 年之后才开始外出务工的人员仅占全部 139 名务工人员的 7%，即 93%的工人在外务工时间在 3 年以上。但与此同时，只有约 60%的人在工厂工作时间在 3 年以上，这意味着至少有 33%的人曾经离开过工厂从事其它行业的工作。

（二）农民工返乡的情况和分析

调查分析显示，在有过工厂工作经历的139人中，目前119人已经辞去工厂的工作。在这些离开工厂的119人中，46人已回到老家，73人仍在外地从事其它工作。

在返回原籍的46名农民工中，27人在工厂工作时间超过三年以上，人数占返乡农民工总人数的58.7%。其中，14人在工厂工作时间在3—5年之间，约占返乡农民工总人数的30.4%；9人在工厂工作时间在5—10年之间，约占返乡农民工总人数的19.6%；4人在工厂工作时间超过10年以上，约占返乡农民工总人数的8.7%。

在离开工厂回到老家的46人中，目前23人常住在村里，21人常住镇上，2人在村里和镇上两头住。这些人回到老家后从事的工作主要是是做小生意、务农、照顾老人孩子等（具体如图6所示）。其中，12人目前在家务农，10人在家照顾老人孩子，17人在家经营小生意，7人从事其它工作。

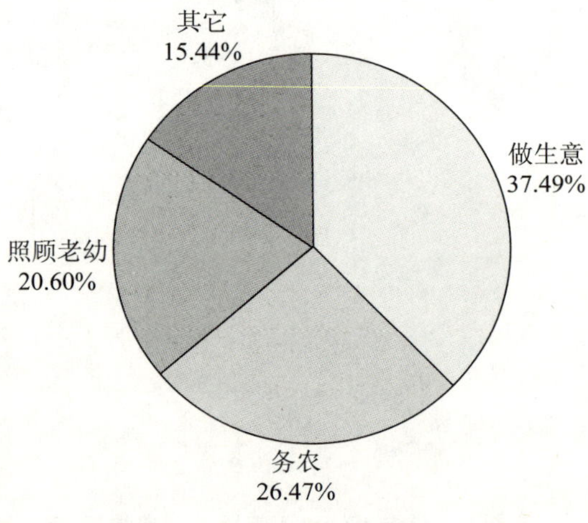

图6　受访者从务工地返回原籍后主要从事的工作

从问卷填答统计结果来看，他们选择离开工厂回老家的原因，一方面在于家中有孩子、老人需要照顾，另一方面在于自身的年龄（如图7所示）。然而，当对他们的年龄进一步分析时，我们发现他们中43.2%的人年龄在36—

40之间，34%的人年龄在41—45之间，22.7%的人年龄在46岁以上，与“继续留在工厂”、“离开工厂仍在外地从事其它工作”的人的年龄结构相比，这些回老家的人的年龄结构除了在46岁以上人员所占比例上稍高外，其它年龄组别上并无显著差异。

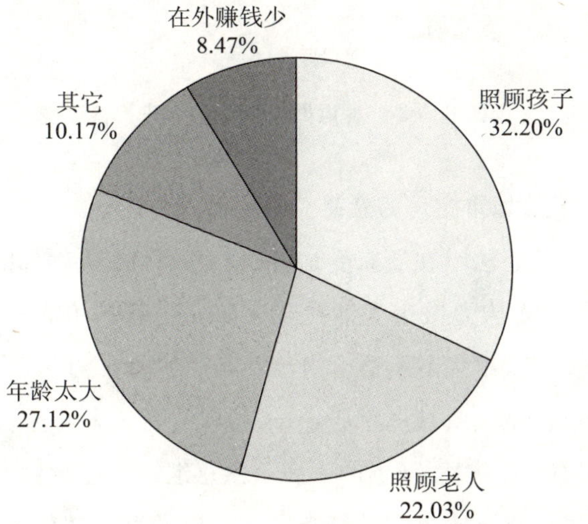

图7　受访者返回原籍的主要原因

在回到老家的46人中，4人计划继续外出打工或做生意，6人计划等老人和孩子安顿好了之后再出去打工，13人计划留在家里务农，16人计划留在本地做小生意，还有7人尚未考虑好（见图8）。这意味着在已离开工厂回到老家的群体中至少63%的人未来不会再次外出务工。这种情况与他们对老家生活的认同情况相一致：在对老家生活和城市生活的态度上，46人中有15人认为老家发展得比较好，20人认为城里虽好但不适合自己，仅有11人认为老家始终不如城里好。

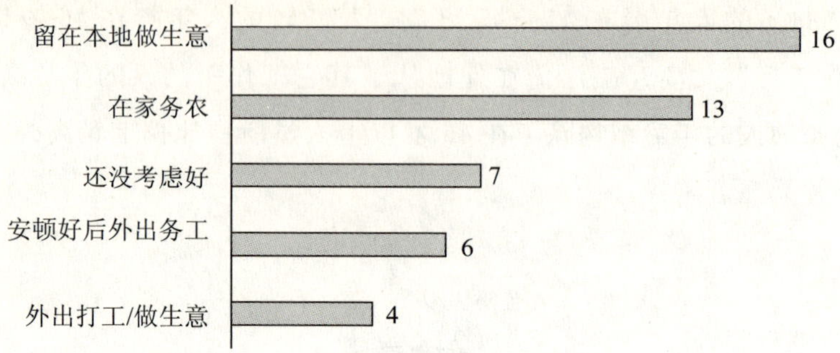

图 8　受访者返回原籍后的未来打算

（三）农民工对在城市定居的意愿

对于城乡生活的看法，在所有受访者中，只有约 18.54％的人认为老家比城市好，而 81.64％的人认为城市生活比老家好，尽管其中有近 20％的人认为虽然城市比老家好，但城市生活不适合自己。与此同时，约 53.09％的受访者表示希望自己将来可以在城镇或县里定居，19.68％的受访者希望自己将来可以在目前工作的地方定居，也有 18.76％的人表示愿意继续居住在村里，只有 7.78％的人希望自己未来可以在重庆市主城区定居。在对子女的期望方面，81.69％的人希望自己的子女可以到城市里生活就业，只有 15.56％的人表示希望子女留在当地老家发展，而希望子女返回农村务工的受访者仅占所有受访者的 0.46％。对于自己今后的打算，约 66.6％的受访者表示将外出打工或做生意，另外还有约 3.89％的受访者表示等安顿好家中的老人/孩子后还将外出务工。

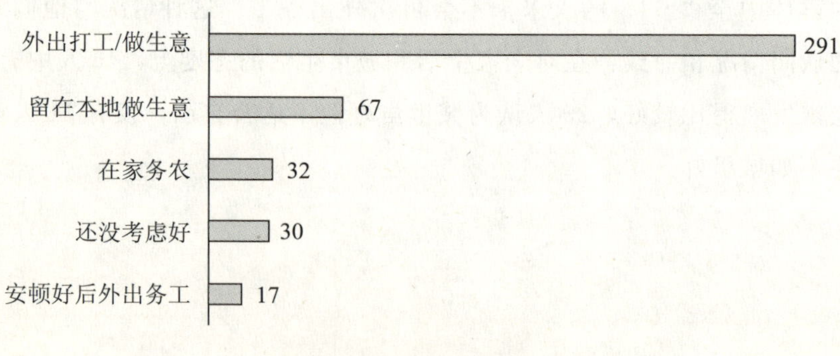

图 9　受访者的未来打算

二、 深圳市农民工市民化意愿调查

深圳是全国农民工集聚的一个城市。2011 年，深圳常住人口 1046 万人，其中户籍人口 267 万人，占常住人口比重 25.6%；非户籍人口 778 万人，占 74.4%。深圳仍属于年轻人城市，据初步统计测算，全市人口平均年龄为 30 岁左右，其中相当一部分为农民工，农民工的人数至少在 500 万以上。[①]

本次问卷调查[②]共访问了农民工 2000 人，其中在深圳原特区内工作的 800 人，占 40%，在宝安区工作的 600 人，占 30%，在龙岗区工作的 600 人，占 30%。受访者中，男性多于女性，男性占 56%，女性占 44%。

（一）调查样本的基本情况

2000 名受访者主要是青壮年农民工，20—39 岁的农民工占 82%；受访者中超过 50 岁的仅有 28 人，占 1.4%，城市中中老年的农民工数量很少。受访的农民工已婚的占 64%，其中有子女的农民工占已婚人员的 88%。有子女的受访者，子女在老家的占 62%，子女在务工地的占 37%。

受访的农民工中，来自广东省占 20%，其余 80%均来自外省，其中 90%来自湖南、四川、江西、湖北、安徽和广西。受访农民工受过初中和高中教育的占 72%，受过中等和高等专业教育的占 21%。

工作和收入方面。受访农民工在生产加工企业工作的最多，占 26%，其次依次为餐饮、零售、物流和建筑企业，这五类企业的农民工占总受访者的 78%。受访的农民工主要是一般工人和服务员，占 60%，技术工人占 20.35%。所在企业主要是中小型企业，80%为 300 人以下的企业规模。

受访农民工的月收入主要分布在 2000—4000 元，占 64%，自己租房的占 68%，未参加过任何培训的占 63%。受访者在深圳务工的时间超过 10 年的占 9.2%；3—5 年的占 32.85%；5—7 年的占 24.55%，3 年以下的占 20.9%。大部分

① 根据第六次全国人口普查深圳常住人口中受教育的程度估算，按初中程度 456 万为农民工，以及高中（含中专）有 250 万按 20%推算为农民工，据此推算深圳农民工数量为 500 万。

② 2013 年 1 月，综合开发研究院课题组与调查公司合作开展了针对农民工的问卷调查。本次调查主要在临近春节时，大量的农民工回家过年，通过街头拦截以及在火车站、汽车站等人流密集的地方进行当面访问。

的受访者打工时间在3—10年，差不多占到了70%，而超过10年的不到10%。

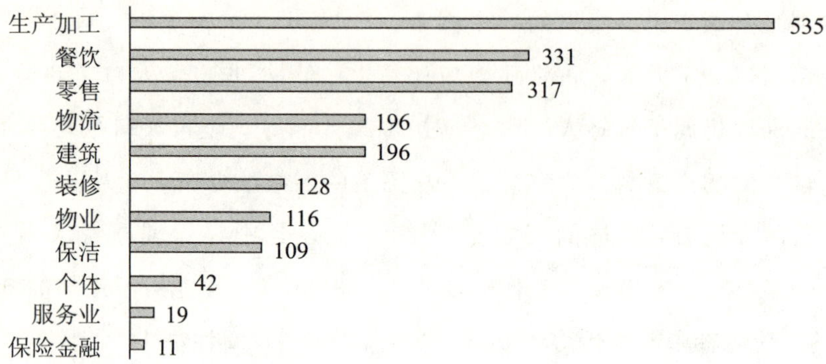

图10　受访者从事的行业分布

（二）农民工未来的去向及分析

当问到被访者未来的去向时，打算在深圳定居，占28.5%；打算到其他大城市定居的，占6.5%；打算回到家乡附近的城镇定居的，占28.4%，而回到家乡农村定居的，占24%。从调查结果看，农民工倾向于回到家乡，而在城镇和农村的选择上，农民工倾向于留在城镇，显然农民工已经习惯了城市生活，他们更向往城市生活。

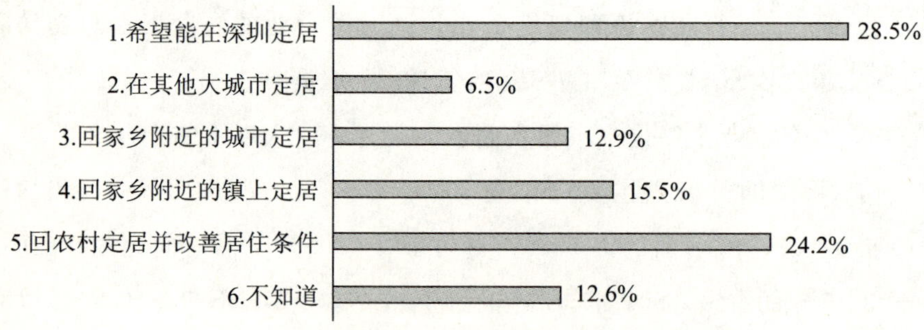

图11　受访者未来打算

从离开深圳的年龄上看，选择在41—50岁时离开深圳的占36.4%，选择在50岁以后离开的占35.25%，选择在31—40岁时离开的占20.8%。当问及离开深圳的原因时，按三个原因的重要程度排序，分别为“工资待遇低”（达73.7%），“生活成本高”（占72.8%）和“子女教育”（占38.8%）。

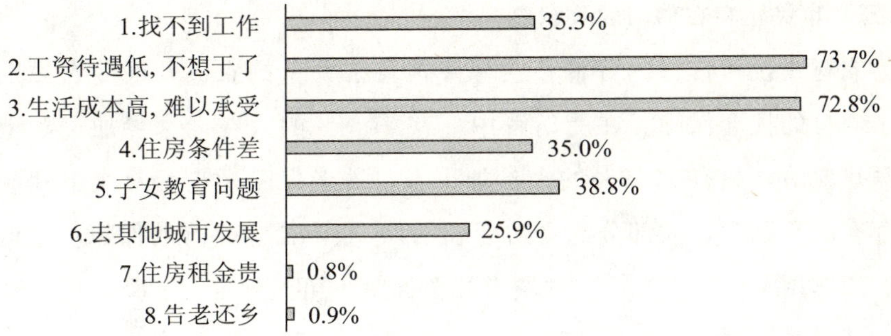

图12 受访者选择离开深圳的主要原因

选择留在深圳的农民工中，有36.6%的人认为他们已经习惯了城市生活，有33.7%人认为在深圳找工作更容易，有30.3%人认为自己的家人和亲属在深圳，他们也就选择留在深圳，有14.3%的人认为留在深圳是因为深圳的收入较高。由此分析，留在深圳的非经济因素（习惯和家人）已经超过了经济因素（就业和收入）。

教育水平与农民工选择在深圳去留有较大的影响。随着受教育程度的提高，希望留在深圳的农民工所占比重基本上呈不断提高，小学教育的有20%倾向于留在深圳，初中教育的为18.6%，高中教育的为28.8%，中专教育的为39.9%，大专教育的为62.9%。

来深圳打工时间越长，农民工越倾向于选择在深圳定居。来深圳打工不同年限的农民工中，来深圳1年以内的农民工希望留在深圳定居的占20.3%，1—3年的该比例提高到22%，来深圳打工3—5年的，该比例提高到22.7%，来深圳5—7年的，希望留下的所占比重提高到30.1%，7—10年的提高到了35.6%，而10以上的，希望留下深圳的农民工所占比例更是达到了49.5%。

受访者在深圳打工的时间方面。有184人来深圳务工的时间超过了10年，占受访者的9.2%；来深圳打工1年以内的受访者有59人，占2.95%；来深圳打工时间3－5年的受访者人数最多，为657人，占总受访者的

32.85%；其次是5—7年的，人数为491人，占24.55%。来深圳3年以下的打工者为411人，占20.9%，即五分之一强，大部分的受访者打工时间在3—10年，差不多占到了70%，而超过10年的不到10%。

（三）市民化存在的问题及意愿

新农村建设所推行的各种社会保障覆盖了大量的农民，许多农民工都纳入到了农村的社会保障。在受访者中，有61.8%的人在老家参加了新型农村合作医疗保险，只有20.9%的人参加了农村养老保险。当问及城市社会保险方面存在的问题时，大部分的受访者表示，“城市社会保险的保障水平低，起不到保障作用”（占87.1%），“城市社会保险不可流转”（占82.1%），“自己缺少交社保的剩余资金”（占82.5%）。

在子女教育方面。在被访问的有子女的农民工中，子女在老家接受教育的占62%；子女在深圳接受教育的占37%。在深圳接受教育的孩子中，在公办学校就读的占36.5%，在民办学校就读的占63.5%。

当问及获得城市户籍和相应的公共服务后，对土地的处置意见时。大部分的受访者不愿意放弃土地。表示要保留农村承包地的占55.95%，表示要保留农村的宅基地和住房的占48.8%。同时有42%的人表示可以有偿的放弃承包耕地（占21.3%），甚至可以无偿的放弃承包耕地（占20.8%），以换取城镇户籍和社会保障。同样，表示在获得城镇户口后可以有偿放弃宅基地的占19.45%，表示可以有偿流转的占6.6%。

如果您在城镇落户，希望如何理您的承包耕地？

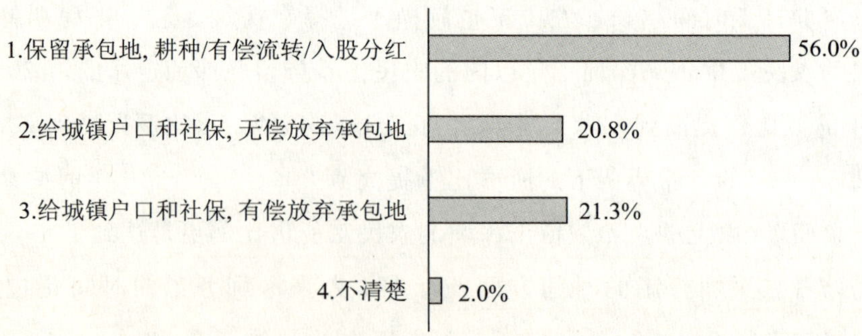

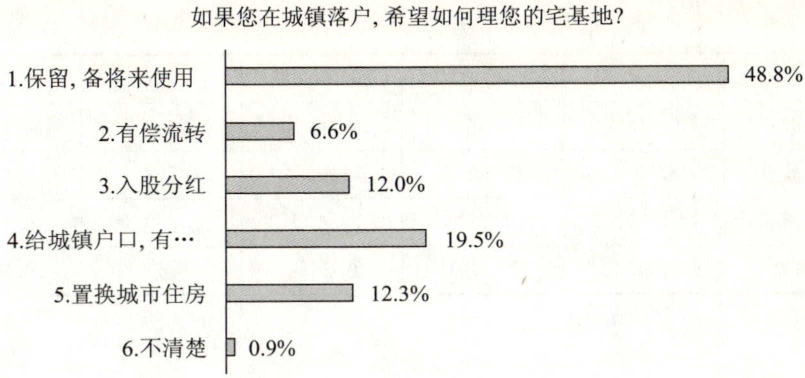

图 13　受访者对农村宅基地和承包地的处置意愿

通过分析发现，年轻农民工和年长农民工都具有较为强烈的保留农村承包地和宅基地的意愿。随着年龄的增长，农民工中愿意保留农村承包地的比重在降低后提高；同样，从保留宅基地和房产的意愿来看，年轻的农民工和年长的农民工都具有较为强烈的保留意愿。如果我们将保留、流转和入股都看做是农民工保留宅基地，在五个年龄段，农民工愿意保留宅基地依次所占的比例为75.4%、67.46%、65.05%、79.72%、80.00%。

表 1　农民工年龄与承包地处理意愿的交叉分析

	16—20岁	21—30岁	31—40岁	41—50岁	50—60岁
保留	66.67%	56.38%	54.53%	51.83%	80.00%
无偿放弃	13.49%	17.29%	24.57%	26.61%	0.00%
有偿放弃	15.08%	23.50%	20.11%	20.64%	10.00%
不清楚	4.76%	2.82%	0.79%	0.92%	10.00%

表 2　农民工年龄与宅基地处理意愿的交叉分析

	16—20岁	21—30岁	31—40岁	41—50岁	51—60岁
保留	48.41%	47.12%	49.15%	53.21%	80.00%
流转	5.56%	5.99%	6.96%	8.72%	0.00%

续 表

	16—20岁	21—30岁	31—40岁	41—50岁	51—60岁
入股	21.43%	14.35%	8.94%	7.80%	0.00%
有偿放弃	8.73%	19.32%	21.29%	20.18%	10.00%
置换城市房产	12.70%	11.98%	13.40%	10.09%	0.00%
不清楚	3.17%	1.24%	0.26%	0	10.00%

三、杭州、无锡农民工市民化意愿调查

长三角地区也是全国农民工的主要流入地。2011年，长三角两省一市常住人口1.57亿人，其中户籍人口1.37亿人，占常住人口比重87.3%；非户籍人口近2000万人，占比重12.7%。并且外来人口多集中于上海市、苏锡常为核心的苏南地区和以杭嘉湖为核心的浙北地区，仅上海市外来人口就达928万人。本次问卷调查①在杭州、无锡两地共访问农民工245人，两地受访人员各占50%，受访的农民工中以男性为主，占80%。

（一）调查样本的基本情况

245名受访者主要是青壮年农民工，20—40岁的农民工占78.7%；受访者中超过50岁的仅占1.85%，中老年的农民工数量很少。受访者中已婚的占63.6%。接受过初中和高中教育的占71%，接受过中等和高等专业教育的占17%。

从地区分布来看，来自长三角地区的受访者占20%，其余80%均来自外省，其中92%来自中西部省份，由于地理位置接近的原因，来自安徽和河南的农民工占所有外省农民工的70%。

从所从事行业来看，受访者在生产加工企业工作的最多，占50%，其次依次为建筑、物业、装修、零售和物流企业，这五类企业的农民工占总受访

① 2013年1月，综合开发研究院课题组开展了针对杭州、无锡两地农民工的问卷调查。本次调查主要在临近春节时，大量的农民工回家过年，通过街头拦截以及在火车站、汽车站等人流密集的地方进行当面访问。

者的41%。受访的农民工主要是一般工人和服务员，占66.5%，技术工人占17.1%。所在企业中在300人以下的中小型企业占43.7，在1000人以上的中型企业的占38%，所在企业规模略大于珠三角地区。

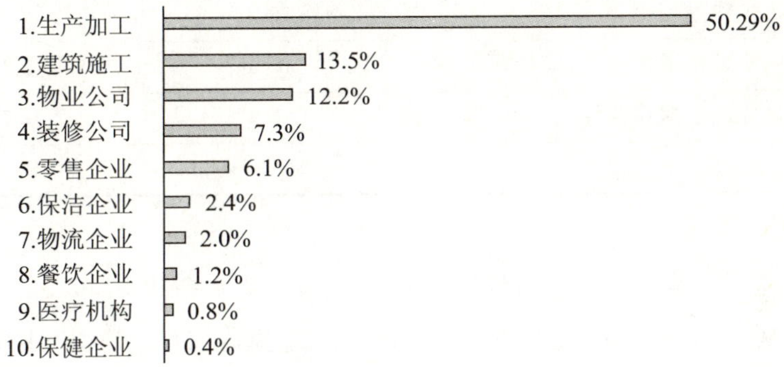

图14　受访者从事的行业分布

从收入状况看，受访者的月收入主要分布在2000—4000元，占80.8%，近50%的受访者月收入在2500—3500元，收入水平略高于珠三角地区。受访者在长三角务工的时间超过10年的占24.5%；3—5年的占16.7%；5—7年的占12.2%，3年以下的占26.1%。超过10年以上的人员比例也明显高于珠三角地区，未参加过任何形式的职业培训的占36.5%，也显著低于珠三角地区。

（二）农民工未来的去向及分析

当问到被访者未来的去向时，短期内（1—3年）选择继续留在务工地工作的占61.8%，打算返回家乡所在城市、小城镇或者农村的仅占15.8%。而中长期（5—10年）选择继续留在务工地工作的比重大幅度下降到19.5%，打算到其他沿海大城市务工的占9.5%；打算回到家乡附近的城市、小城镇或农村定居的提高到占27.2%，还有高达43.8%的受访者表示“还未想好”，显示了对未来去向较大的不确定性。

表3 受访者未来打算

	1—3年打算	未来打算
继续留在务工地工作	61.8%	19.5%
在务工地之外的沿海城市工作	11.0%	9.5%
回家乡城市工作	10.1%	13.6%
回离家近的小城镇工作	1.8%	4.1%
回农村定居并改善居住条件	3.9%	9.5%
还没想好	11.4%	43.8%

但是对于"是否最终想回到家乡养老"的问题，高达88.6%的受访者表示肯定，从离开务工所在地的年龄上看，选择在41—50岁时离开的占13.9%，选择在50岁—60岁以后离开的占45.7%。

（三）市民化存在的问题及意愿

1. 子女教育。在有子女的受访者中，66.4%的子女在老家学校接受教育，32.2%的子女在务工地学校接受教育。在设定条件"如果免费向您的子女提供义务教育，您子女也能和您工作地，北京、上海、天津除外的城市孩子一样参加中考高考"的情况下，受访者打算留在沿海城市的比重，近期从72.8%提高到75.9%，远期从29%提高到33.3%。相应地受访者打算返回家乡的比重，近期从15.8%下降到13.2%，远期从27.2%下降到26.3%。说明改善农民工在沿海城市的子女教育条件，有利于其市民化。

2. 社会保险。受访者中已参加城市农民工医疗保险的占48%，已参加城市农民工养老保险的占38%，社会保险对农民工的覆盖率不足50%。对目前城市农民工社会保险存在的问题，50—60%的受访者表示是"个人缺少交保险的剩余资金"和"保障水平低，起不到保障作用"，还有20%左右的受访者认为是"保险无法流转"以及"企业应交的保险资金少"。

3. 住房保障。目前受访者居住在单位提供的集体宿舍的占42%，自己租房的占46%，租房比重明显低于珠三角地区，有5.7%的受访者已购置了自有住房。在设定条件"如果向夫妻双方均交过城市农民工社会保险的家庭提供政府和企业合作建设的廉租房"的情况下，受访者打算留在沿海城市的比重，近期从72.8%提高到73.6%，远期从29%提高到36.3%。

4. 土地处置。在问及“是否愿意卖到宅基地”时，有40%的受访者表示愿意，而在问及“是否愿意用家里宅基地换城市居民社会保险及保障性住房”时，表示愿意的受访者比重提高到55%。

如果宅基地或者承包地能够通过出让、流转或者抵押贷款的方式获得现金，70—80%的受访者表示希望在家乡附近的城市或城镇购置房产。

四、 福建泉州市农村户籍人员市民化意愿调查

福建省泉州市是我国民营经济比较发达的城市之一。2009年底，泉州市中心城区户籍人口加流动人口达到205万人，其中户籍人口139万人，流动人口66万人。2009年，泉州中心城区迁入人口23502人，其中省内迁入18367人，省外迁入5135人。迁出人口27354人，其中迁往省内20847人，迁往省外6507人。人口机械净流出3852人，泉州中心城区人口连续两年出现净流出。泉州市政府提出加快中心城区人口聚集，实现到2030年人口规模达到280万人的目标。

本次调查①主要了解泉州市农村户籍进城务工经商人员和在乡（务农）人员的就业、生活情况，以及他们进城落户意愿。调查对象为年龄16—50周岁，户籍在农村的人员。本次调查共发放问卷6000份，回收有效问卷5721份，其中男性占56.42%，女性占43.37%，19—50岁的占91.05%。

（一）农村户籍人员的基本情况

在调查的人员中，受教育程度较低，基本上为初中及以下学历占82%，高中（中专/中职/技校）、大专及本科及以上文化程度的分别占被调查人数的13.86%、2.93%和0.70%。

在调查的农村户籍人员中，所从事的职业，在村务农、务工、个体经营以及无固定职业者，分别占33.21%、30.03%、13.15%和23.25%。务工经商人员从事目前工作在1年以下的占10%，1—2年的占24%，3—5年占

① 2010年至2011年，综合开发研究院（中国 o 深圳）受泉州市发改委委托承担了“促进泉州城镇人口集聚的政策研究”，课题负责人刘宪法、王梅，本次调查由泉州市发改委、市人口和计生委联合完成。

32%，5 年以上的占 34%，10 年以上的占 7.5%。也就是说，90%的务工经商人员从事目前工作达到 2 年以上。

农村户籍人员收入水平较低，月收入超过 2000 元的占 27%，低于 2000 元占 67%，高于 3000 元占 10%。

（二）在城镇落户意愿

在调查的 5721 人中，有 60.3%农村户籍人员愿意到城镇落户，不愿意落户的占 33%，表明城市生活对于农村居民有较大吸引力。其中，配偶愿意落户 1847 人，占 32.68%，子女愿意落户 2039 人，占 35.56%，父母愿意落户 440 人，占 7.67%。农村户籍人员最希望在泉州市区（46.45%）以及县（市、区）政府所在地（15.12%）落户。

在问到最希望政府帮助解决的问题时，回答依次是住房保障（38%）、社会保障（26%）、稳定惠农政策（17%）、就业（9%）、子女就学（4%）。

（三）农村土地处置的意愿

在问到宅基地处置意愿时，有 35%的农村户籍人员表示保留现状，愿意有偿退出或者置换建设的达 38%，表明宅基地流转有相当大的空间。

但当问到对承包地的处置意愿时，有 41%农村户籍人员表示愿意委托经营，表示愿意自己经营占 36%，愿意有偿退出占 10.3%。相比宅基地，表明农村户籍人员更愿意保留承包地。

五、 问卷调查总结

通过对长三角、珠三角和东南沿海等主要外出农民工集中地区和中西部农民工输出地的问卷调查结果，印证了关于农民工“早退”现象及其城市化意愿的初步判断。

1. 与现实观察一致，中国农民工存在平均年龄低、短工化趋势明显、城市中缺乏熟练工人等现象。

2. 尽管对沿海城市生活有比较大的认同，但现实情况下，由于农民工无法长期稳定地在沿海城市定居，调查显示，有相当比例的农民工已经退出或准备退出东部沿海劳动力市场，特别是在 40 岁之后，“照顾家中老人和孩子”以及“年龄无法适应高强度的工作”成为退出的直接动因。甚至在针对新生代农民工的调查中，都表现出较强的回乡意愿。

3. 外出农民工退出东部沿海劳动力市场后，主要的去向包括家乡附近的城市、家乡附近的小城镇以及返回农村改善居住条件，调查结果显示计划在家乡附近的县城或小城镇购房定居的比例明显高于返回农村。

4. 对于农民工返乡后的就业情况，调查显示农民工返乡后有较大比例在县城或小城镇经营零售、餐饮、运输等小生意，也有部分选择继续从事农业或照顾家庭。在一些实地考察中发现，在城镇和农村兼业的现象也比较普遍。

5. 调查显示农民工融入城市面临的主要障碍包括，相对于城市生活成本而言工资水平太低、缺乏技术技能导致发展机会有限、住房问题无法解决、子女就学教育困难、医疗缺乏保障、社会保障水平偏低、户籍制度限制等等，并且城市公共服务和社会保障水平的影响程度要高于工资等经济因素。

6. 综合来看，造成“农民工早退”主要存在四方面原因，一是目前我国农民工在享受社会保障、公共服务等主要市民化待遇方面与城镇职工存在很大差异，这是农民工早退的首要原因；二是十一五以来，一系列新农村建设政策，从收入上、生活质量上以及社会保障上不断增强着农村对农民的吸引力；三是农民工受教育程度偏低，而过低的工资使得劳动力又难以对自身进行人力资本投资，就业稳定性差；四是沿海产业结构转型升级加剧了农民工早退的程度。

六、 农民工渐进市民化的政策建议

避免农民工早退，实现完全市民化，既可延长“人口红利”，又是“改革红利”。尽快为进城农民工提供社会保障和公共服务，保证新生代农民工和他们的下一代不再“早退”，相关政策设计和调整已经刻不容缓。

1. 为了实现城市化的有序发展，既要通过“市民化”的制度安排防止农民工早退，又要避免“福利陷阱”。农民工渐进市民化的内涵就是指要实现农民工在职业和权利上的“市民化”，使农民工成为城镇的新居民。渐进市民化就是要允许在一定时期内存在保障水平上与市民存在“差异”，由“双轨制”（市民化和准市民化“两轨”并行）最终过渡为“单轨”（完全市民化）。

2. 农民工渐进市民化的道路，要按照“分类、分城、分责”的原则推进。

在操作策略上，应按照“自愿自选、双轨并行、教育先行”的思路进行；在实现路径上，应按照“地方实践、试点示范、顶层设计”来进行。

3. 以农民工子女教育为突破口，改革现有的义务教育经费统筹体制。建立中央、省、市三级政府经费投入分担，以中央为主体的经费统筹体制，各地根据财政状况对义务教育经费进行追加投入，并辅以中央政府对西部地区和穷困地区的转移支付制度和省级政府的转移支付制度。同时尽快改革现有招生、考试制度，实现常住地参加考试，建立电子“教育券”制度解决农民工子女异地接受教育问题。

4. 尽快调整央地财税体制。重新划分中央政府和地方政府事权和财权，基础教育服务的支出责任逐渐由中央政府负责，并我国各地的医疗和养老保险的缴费标准和保障水平进行分类和标准化，由中央政府统筹医疗和养老保险，提高流动性。调整央地税收分成体制，提高对流入地政府的财政激励。完善中央财政的转移支付体制，逐渐增加转移支付中教育、医疗和养老支出的比重转移支付标准由城市的户籍人口规模向实际人口规模的转变。

让农民工带着自己的财产权利进城

林　凌[①]

这次论坛的题目是“农民进城与中国产业升级”。这几年，我对这个问题比较关注，曾做过一些调查研究。成都担负着国务院关于统筹城乡试点的任务，也给我研究提供了比较方便的条件。

在一个国家（尤其是大国）工业化过程中，农民进城是经济社会发展的规律性现象。现在发达国家城市人口达80%～90%，查一下前几代，基本上都是农民。他们实行的是土地私有制，政府也不限制农民进城，农民城市化很自然就完成成了，没有我们国家那么多麻烦事。我国实行的是土地集体所有制，城乡不同的户口制，粮食凭票供应制，限制农民进城制。城市化阻力很大。改革开放后，国家实行沿海开放战略，需要大量劳动力，当时到沿海地区劳动，政策上既不要户口，又不要粮票，于是内地的农村劳动力就大胆冲破一切不准农民迁徙、进城的障碍，潮水般地涌向沿海地区和大城市，形成世界著名的社会景观：“中国民工潮”和上亿人返乡的“春运潮”。20多年下来，形成中国特有的“农民工”问题。迄今为止，我国在城里劳动、户口和居住在农村的“农民工”大约上亿，四川有900万。政府和研究者们，曾经绞尽脑汁研究解决农民工进城问题，我曾经提出过一个“三保障、两放弃”（保障农民工在城市就业，保障农民工及其家属在城市有房屋居住，保障农民工享受与城市居民同等的教育、医疗、养老等社会公共服务；在此基础上，农民工放弃农村的承包地，放弃农村的宅基地）的方案，都没有可行性。现

① 林凌，国家级有突出贡献专家，四川省社会科学院学术顾问、研究员、博士生导师，中国工业经济联合会副会长，中国城市经济学会副会长，综合开发研究院（中国·深圳）副理事长。

在看，对转户口、进城，三方面都不愿意。一是农民工不愿意。他们认为转户口、进城就要交出承包地、宅基地，而现在的地价一路看涨，一亩就是十几万、几十万，转为城市户口，对自己损失巨大。现在国家取消了农业税，农民工宁愿把土地撂荒，也不愿把地交出来；二是企业不同意。如果让农民工进了城，除工资外还要增加各种费用，企业成本要上升，因此，宁肯保持现在这种亦工亦农的劳动制度，不愿改革；三是城市政府也不愿意。让农民工进了城，住房、社会公共事业、城市基础设施等都要增加，政府财政承担不起。因此中国的城市化就搁置成现在这个样子：从劳动人口看，中国城市人口已达51%以上，但从农民工变市民的角度看，中国的51%只能称作“半城市化”。现在全国各地几乎都放开了户口限制，但农民工就是不愿意把户口转到城里。为什么？就是怕丢掉至少值数十万元的土地。

现在的农村，好的一面很好，农民物质生活和精神生活都有很大提高；社会保障体系建设、公共服务均等化很有成效；农业现代化正在积极推进；但问题方面也很严重：青壮年大都走了，谁来种地？谁来照顾年迈父母养老？谁来抚育从小就失去母爱父爱的“留守儿童”？大片撩荒的耕地，碎块分割的土地制度，怎样实施农业规模化、现代化？这一切都和农民工如何转为城市市民密切相关。

解决这个难题，关键在于农民是否拥有土地财产权利和农民工进城所发生的费用由谁来承担？成都从2003年开始经过9年的试点，对第一个问题，有了明确的回答：即农民的土地承包经营权、宅基地使用权、集体收益分配权，以及完全属于农民私有的房产，都是法律赋予农民的财产权利。无论他们是否还需要以此来做基本保障，也无论他们是留在农村还是进入城镇，任何人都无权剥夺。在任何情况下，都要尊重和保护农民以土地为核心的财产权利。为此，成都市发动农民，经过细致的工作，对每户农民的四项财产权利都作了“确权和发证”工作，使农民的财产权利获得了法律的具体保障。国务院对成都的做法给予充分的肯定，并在全国推广。现在全国已有20多个省市完成了确权发证工作，预计全国可在今年全面实现。这个工作向全国农民宣示：我国农村土地虽然是集体所有制，但农民家庭承包权是永久不变的，是农民财产权利的主要组成部分。

在确权发证的基础上，在农村出现了土地承包经营权流转市场。农户可以在自愿和协商的基础上，把确权后的土地承包权相互流转，实现适度规模经营，使留乡务农农民的收入得到提高。与此同时，成都农村还建立了农村产权交易所，在土地财产权利交易中成为一个发现价格的交易平台，从而为社会各方参与农村的建设和投资提供了一个新的“出口”。成都于2008年先后挂牌成立的成都银行和成都农商银行，开办了农户和农业合作社的产权抵押融资业务，为农村房屋、建设用地与农地经营的产权抵押融资提供担保。为了确保风险控，成都市和区县两级在地方财政预算内设立了专项基金。这些举措，使名义上为集体所有的土地承包权变成了可以贷款的抵押物，使土地承包权成了可以在农村产权交易所交易的承包物。有了这一套市场化交易平台好交易过程，就可以把农民的财产权利量化为货币形态的资产。

时任总理温家宝同志在今年全国农村工作会议上讲：“让农民工带着自己的财产权利进城”。现在成都正在研究如何实施。让农民工带着自己的财产权利进城，不是带着多少土地、房产进城，而是带着通过市场交易，把财产权利转成的等价货币进城。当然这种转化需要发达的土地交易市场，需要科学的农村产权的资产评估，需要加快农村金融的发展，需要规模化、现代化农业组织的快速成长，等等。从现在的进展看，这个问题是可以解决的。

农民工进城变成市民，需要巨大的投入。这个投入包括农民工家庭的房屋，城市的交通、水电等城市基础设施，与城市居民相等的教育、文化、医疗、养老等社会保障等。初步估算，在成都这样的二线城市，每个农民工约需20万元。这个钱谁来出？城市财政出？负担很重，要拖很长时间、让农民工出？前面说过的，让农民工带着自己的财产权利进城，能带多少钱？据有关专家估计，按目前的土地价格算，大概每人可带50万元。若如此，那么由农民买保障房，政府搞基础实施和社会事业，问题就可基本解决。

这里还要看到的是，农民工变市民的投入，是我国城市化所必须。今后我国城市化每提高一个百分点，就是1300万人进城，每人投入20万元，全国每年就是2万6000亿元。若再加上农民工每人带进城50万，这是多么大的一个数字啊！要扩大多少内需、拉动多少产业和市场呀！这也许是我国向扩大内需转型的一个重要途径。

新型城镇化进程中若干问题的探讨

钟茂初[1]

中共十八大提出了中国特色的新型工业化、信息化、城镇化、农业现代化的“新四化”目标，并提出了相应的政策目标和具体举措，如：工业化和城镇化良性互动、城镇化和农业现代化相互协调同步发展；以推进城镇化为重点内容之一，着力解决制约经济持续健康发展的重大结构性问题；增强中小城市和小城镇产业发展、公共服务、吸纳就业、人口集聚功能。加快改革户籍制度，有序推进农业转移人口市民化，实现城镇基本公共服务常住人口全覆盖；推动城乡一体化，完善城乡发展一体化体制机制。表明宏观政策部门认为，“新型城镇化”将要在未来一个时期的发展过程中起着重要而无可替代的作用，学术界也普遍认同这一认识。因为，一从所处的发展阶段来看，当前进入了“城镇化”加速的阶段；二从经济社会协调发展视角来看，“新型城镇化”是缩小城乡差距、推进城乡一体化的关键性手段；三从宏观经济运行角度来看，“新型城镇化”是扩大国内居民消费需求的经济增长点；四从推进体制改革的角度来看，“新型城镇化”是改革的重要切入点和着力点。所以，稳妥地推进新型城镇化，将是未来阶段极具关键性的发展问题。所以，新型城镇化得以实现的必要前提、新型城镇化可能遭遇到的障碍、新型城镇化过程主要涉及的若干方面等问题，需要深入探讨。

---

① 钟茂初，南开大学经济研究所教授、博士生导师。

一、 新型城镇化的基本目标及其得以推进的预期收益与预期成本

新型城镇化的主要目标可以归纳为：构建大城市、中小城市、小城镇、农村社区统筹发展和协调发展的空间格局；经由新型城镇化的承接，成熟城市产业及经济要素向周边城镇延伸、辐射、融合，使得成熟城市得以产业提升、功能优化完善并进一步发展；在保护基础农业及耕地、生态环境为约束的前提下，推进农村城市化、农村产业化（包括：农业现代化、非农产业化、市场化、土地资本化、要素集约化）；实现城乡基础设施和公共服务的去差别化（均等化、统筹、一体化），促进城乡社会的协调发展；推进城乡二元体制制度的改革，缩小城乡二元结构差距，促进城乡人口、劳动力、要素的自由流动和双向流动。

城镇化能否有效而持续地推进，关键要看城镇化带来的“整体利益”和“整体成本”，如果“整体收益”大于“整体成本”，且各利益群体的收益不受损益或得以补偿，那么城镇化就能够得以顺利推进，否则，则会出现相应的推进障碍。主要包括以下方面的成本、收益：

1. 城镇化发展有所谓的三大动力：城乡统筹发展、工业反哺农业、区域一体化（周边借势与融合），这些动力能否真正起到有效的动力作用，或者说，需要什么样的机制才能使这些因素成为真正动力？从要素角度来看，城镇化的动力来源是：既有城市经济不断发展的辐射效应和扩散效应、既有城市区域过剩资源要素的流入、随着城镇化进程拟城镇化区域及其居民财富资本化之后的预期升值、周边分散要素聚集带来的聚集效应，特定时期经济政策的支持效应。从需求角度来看，城镇化的动力来源是：拟城镇化区域及其居民预期收入水平大幅提高、消费水平和消费结构的改进带来的需求、随着产业化而聚集人口的需求、拟城镇化区域的特色引致城市居民的需求（包括城市居民向拟城镇化区域的短中期流动或长期流动）。因此，城镇化必须是缩小城乡差别，而发挥既有城市与拟城镇化区域之间满足需求的差异化。新型城镇化，上述动力来源能否得以实现？关键在于能否通过人口和要素的聚集带动经济产业规模的扩大、要素使用效率的提高、消费需求水平和规模的提高，进而有效增加农村剩余劳动力获得相对较高收入的就业机会，最终体现

在，城镇化能否有效增加城镇化人口的收入水平，如果不能，城镇化则是无效的（所谓“1 个市民的消费相对于 3 个农民的消费”、“提高城镇化率 1 个百分点将增加消费规模 1200 亿元”的计算，都只是理论意义上的）。

2. 城镇化，能否使既有城市人口、已入城却仍没有摆脱农民身份的人口、拟城镇化区域人口、短期中期内依然居住在农村的人口，都有所受益，至少不受到负面损益？希望达成的目标情形是：农村人均耕作土地增加、获得规模收益和提高效率的收益，城镇化的公共设施的辐射效应，城镇化人口收入水平消费水平提高带动的农产品价格上升所带来的收益增加，城镇化带来的发展红利给农村区域和农民的转移支付或社会福利或公共服务的增加。在实际推进过程中，能否真正实现上述收益，是城镇化能否有效推进和推进节奏的评判依据。

3. 推动城镇化的资金是否具有持续性？初始资金从何而来？政策性土地使用指标的变现、地方发行特定用于推动城镇化的债券、基础设施预期收益的抵押信贷以及其他融资方式，是可能的方式，但能否持续是必须事先评估和权衡的关键性问题。这样才能确定推动城镇化的产业资本、基础设施和公共服务建设资金，能否以持续的方式稳定增长，能否具有稳定的来源。要事先考虑到是否可能由于后续动力不足，而使城镇化停滞乃至各方面难以兼顾。另一方面，人口城镇化的动力是否可持续？如，城市基础设施系统、治安管理等城市社会系统、市容环境等社会服务系统以及其他社会基础设施，是否会因资金成本过高而无法为居民提供完善的城镇生活服务，使得居民总体生活质量既低于成熟城市、也低于传统农村，那样就会导致人口城镇化的不可持续，这也是不得不事先评估和权衡的重要问题。

4. 城镇化，能否避免超大城市人口过度密集的“大城市病”而减少相应的成本？如城市空间过大而导致居民通勤时间过长，进而造成不合理的时间成本、交通成本、污染成本，过度物流所造成的各种成本。城镇化能否对此有所改进？如果能有所改进，那么就是城镇化的“收益”。如果难以改进，甚至重走老路的概率很大，那么就是城镇化的“成本”。

5. 城镇化，能否有效缩小城乡收入差距？能否有效解决或有效遏制因城乡二元体制而长期积累的社会矛盾？希望达成的目标是：增加处于城市平均收入与农村平均收入之间的人口比重（亦即增加中等收入人口比重），从而减少防范社会矛盾爆发的成本。再者，城镇化是否会使边远农村更加边缘化，使得非城镇化居民承受着更大的成本？如果城市、新城镇、农村三者之间的可支配收入差距能够有所缩小，那么就是城镇化的“收益”。如果难以改进，甚至更加拉大，那么就是城镇化的“成本”。

6. 生态环境，是否会因城镇化而带来相应的损失？这一损失是否的可承担的？是可以经济收益替代的还是得不偿失的？如，高消耗高污染的产业企业是否会转移到新城镇、新城镇的治理污染设施和管理制度是否会滞后于产业发展和居民生活水平的提高、治理污染设施是否会由于企业规模较小或经济总量规模较小而无法达到规模治理效益、集约治理效益。

毋庸讳言，城镇化将带来一定程度的“生态环境成本”是必然的，关键在于城镇化的规划阶段，就必须以生态承载力为依据形成具有硬约束性的污染排放总量限制。这样也就限定了生态环境成本的可承受的水平。具体落实过程中，生态环境的规划要先行，要先行评估城镇化政策的生态环境影响（包括区域性的和全局性的影响），要先行确定不可开发的重要生态功能区，要先行确定产业污染和城市生活污染的治理途径；无论是城镇化总体规划、城镇化开发建设速度、城镇化产业规划，都应在生态承载力的硬约束之下进行，应以可承载的碳排放量等生态环境指标来倒推可承载的经济规模和城市规模；要以生态承载力约束下确定的产业规划来确立产业企业进入拟城镇化区域的门槛，要明确污染治理设施的建设超前于产业规模扩大和城市规模扩大的约束性；要注重基础设施和工程建设中的低耗化和低排放，如：低排放交通、生态建筑、土地集约利用设施、水资源等资源可循环利用的设施、能源高效利用的设施，产业发展中的集约合作系统，如：能源集约高效利用的合作系统、污染治理的规模化合作系统、合理的物流配置合作系统等。

二、 新型城镇化过程中的利益关系问题

新型城镇化得以实现的逻辑前提是什么？笔者认为最根本的要求是，拟城镇化区域的要素收益率要接近城市。拟城镇化区域居民的全福利水平，与城市居民相同。预期收益率的趋同，实际收益率的趋同。

城镇化直接的主体是拟推进城镇化区域及居民，而同时必然涉及的利益主体还包括既有城市区域及其居民、依然作为农业区域的农村及其居民。(1)从拟城镇化区域及其居民的角度来看，城镇化所能够带来的预期利益是：城镇化过程中资源聚集和产业发展所带来的发展机会（收入水平和要素收益率较未城镇化之前大幅提高），城乡一体化带来的社会福利和公共服务水平的大幅提升。(2) 从既有城市区域及其居民的角度来看，城镇化过程是否会对其既有利益带来负面影响，如：要素和产业流向城镇化推进区域，是否会影响到城市既有的繁荣与发展机会，城乡一体化是否会因城镇化人口的增加，而使既有的社会福利和公共服务水平受到挤占。(3) 从暂不推进城镇化的区域及其居民角度来看，城镇化进程可能给自身带来什么样的正面影响和负面影响呢？如，传统上由农村区域和农村居民承担的保护基本耕地、基本农产品供给、生态环境维护的责任和成本，城镇化之后，由谁来承担？原来由更大比例的农村地区和农村人口承担的责任，是否会转由较小比例的区域和人口来承担，导致负担更重？是否会导致自身与城镇化人口的收入差别、社会福利及公共服务差别进一步扩大？城镇化是否会使边远农村更加边缘化？如，教育等公共服务更加集中于新城镇，而边远农村居民则不得不到新城镇才有可能获得相应公共服务，此前农村的撤点并校就是典型的先例。而类似的政策会导致农村居民行为追求的短期化，如农民为使子女获得相对较好的教育，就不得不确定转移到城镇居住的中期目标，而此时他承包的土地就会采取短期利益最大化的措施，对于农业、对于生态都会造成长期不利影响。

因此，新型城镇化，应以缩小城乡居民的“差别化”为突破口，主要解决以下问题。

1. 城镇化居民与原有城镇居民的无差别化问题。在当前二元政策体制下，农民转化为城镇居民存在着诸多体制机制的制约，已经长期在城市就业生活的“农民工”尚且承受着由户籍差别决定的就业机会差别、同工不同酬的工资差别、不同社会保障差别、不同的公共服务差别，可想而知，通过进一步城镇化而进入城镇就业生活的“拟城镇化人口”将面对什么样的困难。所以，只有在户籍制度或户籍制度所包含的“差别化”有明显改善的情形下，这一形式的“城镇化”才有可能得以稳妥地推进，否则都是“有缺陷”的城镇化。

所以，在进一步推进城镇化的过程中，必须明确，城镇化不是简单地把低收入的农村居民转化为低收入的城镇居民，也不是为城市工商业发展需要提供低价格的劳动力以及为城市居民提供低价格的服务，提高拟转化为城镇居民的农民群体的公平平等的就业机会及其收入水平，是城镇化的基本目标。把已经具有稳定职业的“农民工”及其家庭转化为无差别的城市居民，实现农民工在子女教育、社会保障、医疗卫生、养老等方面享有无差别待遇，是城镇化政策的首要任务，对于“城乡二元政策体系”（包括人口、劳动、财政、公共服务等二元政策）没有任何触及甚至是有所强化的城镇化政策都是无效的。只有当既有的“农民工”转化为无差别化的城镇居民完成后，才有可能不断吸纳新的“农民工”并逐步将之转化为无差别化的城镇居民。

“让农民进城进得来、留得下、有尊严”，不是一句口号，而是新型城镇化的基本前提，即在制度上要完成中央政府提出的目标：统筹推进城乡社会保障体系建设，全面建成覆盖城乡居民的社会保障体系，有序推进农业转移人口市民化，努力实现城镇基本公共服务常住人口全覆盖。如果，同在一个城镇生活的居民，由于城乡身份的差别，而导致社会保障、社会福利差距巨大，那么城镇化就难以有动力机制予以推进。所以，推进城镇化，首要的一个前提是消化已经成为城市常住居民而没有分享到城市社会福利和公共服务的农民工群体，在他们的身份尚未解决之前，不可能融入更多的农村剩余劳动力。

2. 城市、拟城镇化区域、农村区域之间的差别弱化问题。新型城镇化，应有明确弱化城乡分割的既有现状（不使既有城市、拟城镇化区域、农村区域呈现明显的二元结构或多元结构）的政策方向，有效促进城乡收入差距的缩小、尤其是社会福利和社会保障差距的缩小（既包括既有城市居民与拟城镇化区域居民之间、拟城镇化区域居民与农村居民之间、从事非农产业劳动力与农业劳动力之间）。

城镇化的一个重要内容，是让暂不推进城镇化的农村区域及其居民也必须有明显的受益，而不再是“让一部分区域先行城镇化，进而带动全面城镇化”的思路。这要体现在，一是公共基础设施向农村区域的延伸（如：农村交通、电信、医疗卫生、教育、环保等）；二是城乡公共服务的一体化统筹，如，医疗保险、养老保险的全社会统筹，这是农村居民平等分享全社会发展成果的根本途径；三是农村居民承担全社会责任应获得更高收益（如：农产品价格的提高，生态保护获得转移支付的增加，农村流出劳动力的育成成本获得补偿），这是城乡要素平等交换的重要体现方式；四是维护农民的基本权益。维护农民土地承包经营权、宅基地使用权、集体收益分配权。改革征地制度，提高农民在土地增值收益中的分配比例。这是彻底放弃城乡“剪刀差”政策的表现。

3. 城镇化的短期发展与长期发展问题。过去发展阶段，城市发展过程出现的各种问题：房价高涨、交通拥堵、环境污染、市民生活压力随着发展反而不断增大、农民工难以完全融入城市社会等，发展中小城镇未必就一定能够规避这些问题的产生。因为，上述问题，很大程度上，是因为经济过度急速发展，而相应社会发展、社会管理水平、生态环境约束力不能与之协调同步的结果，所以，如果城镇化也以一种过速方式发展的话，即使不是大城市，也同样会导致类似问题的累积。城镇化的一个重要目标是公共服务的均等化，但能够提供公共资源（基础设施、医疗、教育等）的能力是有限的，如果城镇化依然是高速推进，那么公共服务或者无法均等化、或者拟城镇化区域的公共服务是低水平的、或者以拉高房地产价格的方式得到短期的发展而透支未来。

国外关于城市化研究的一个问题是：低收入群体适合居住在小城镇、还是适合居住在大城市？有国外学者的研究表明，低收入者更适合居住在大城市。因为在大城市要求每个居民分摊的公共服务成本较低，而小城镇要求每个居民分摊的公共服务成本则较高，因此只有中高收入者才能负担得起公共服务分摊成本。随着城镇化的发展，房价高企必然使中国城镇化也将面临类似的问题，失地农民可能的发展方向依然是进入大城市成为农民工、临时工，而未必能够在小城镇安居乐业。

如果把城镇化作为一个高速发展的目标，那么，在未来一段时期内，城镇化无可避免地演变为各地大规模城镇土地开发，造成资源严重浪费、生态严重破坏、环境加速污染。各种利益群体，必然希望在城镇化“运动”中牟取其利益，但他们追求的多半是短期利益，并且在获利后将变现脱离，而把累积的各种问题遗留给后续接棒者，但最终的承担者是当地居民及其后代。

4. 城镇化区域与周边大中城市的关系问题。其一，新城镇的规划建设，在结构、功能、与城市的关系、产业方向等方面，要有准确定位。各个城镇一定要形成自身无可替代的特色（要持久地坚持这一特色）。其二，要通过适当的制度创新，让在潜在投资者、潜在居民，成为新城镇设计者、参与者、利益分享者。因为，未来的发展主体是这些企业和居民，所以在规划、投资建设、经营模式设计的各个过程之中，应采取适当的方式吸引相关企业参与（如参股、参与经营）。要通过权利分享机制和利益分享机制来充分调动他们的积极性，以得到广泛认同和支持。其三，各个城镇之所以有可能围绕城市发展起来，就是要解决城市现有的各种瓶颈：交通瓶颈、土地资源瓶颈、环境质量瓶颈、人口密度瓶颈等。所以，各个新城镇的规划建设，它就是针对城市的某个问题的解决方案，它所吸引的就是“逃离”某个瓶颈的投资者。各个城镇的规划建设，从一开始就要避免重蹈城市瓶颈的覆辙。其四，房地产繁荣、商业繁荣，应是新城镇整体产业繁荣发展后的成果，而不是发展的先行条件。先期炒作房地产，那只能是短期的效应，而真正投资于长远的投资者反倒会望而却步。

三、 新型城镇化过程中的土地相关问题

从各国城市化走过的历程来看，在土地问题上，城市化过程往往都负有“原罪”。如，英国工业化城市化过程中的“羊吃人”的“圈地运动”，圈占土地放牧羊群，使得众多的农民丧失了土地，被迫移居城市，促进了城市工业的发展，加快了英国的城镇化速度；再如，

战后南美国家城市化快速发展，由于土地的高度集中，土地私人化，农民无地化，导致城市贫民窟大量涌现并加剧城乡社会矛盾。中国的城镇化，固然与各国城市化道路不同，但也应从各国的城市化历程中吸取经验，对于可能出现的土地关联问题应未雨绸缪。

1. 地方政府的土地收益及其利益关系问题。推进城镇化改革，必然涉及到农村土地制度城乡二元户籍制度改革等一系列的重大改革。改革，势必将触动既得利益群体利益，首当其冲的是地方各级政府的土地利益、公共服务

供给的责任。之前阶段，地方政府主导了土地利益，并成为了土地利益中的最大既得利益者。而土地征收与出让价格的新形式的“剪刀差”使农民的土地收益受损，导致失地农民迁移进城资本缺失，事实上影响了城镇化进程（确切地说是影响了城镇化的完善性和可持续性）。地方政府的土地收益，本应用于与教育、社会保障、医疗等诸多公共服务挂钩的农村人口城市化方面，使农村转移人口成为无差别的城市人口，但事实上这一土地收益资金被“挪用”于城市建设的其他方面。新型城镇化，既面对着过去阶段缺失的需要弥补，也面临着新的城市化人口所需的投入，地方政府的财政负担可想而知，所需资金从何而来？城镇化的“红利”，中短时期无法显现，土地收入的高低取决于全社会对城镇化“红利”的预期，同时还要大幅提高农民在土地增值收益中的分配比例（至少要使失地农民入城后能够过上城镇居民中等生活），要大幅用于解决已经入城居民的市民化方面（至少要使他们无差别化地享受到城镇居民的所有社会福利）。由此一来，中央和地方的税收利益关系势必面临重新分配调整。

2. 基本耕地保障的责任与利益关系问题。城镇化过程中，除了农村人口的城镇化之外，还有农村土地的“城镇化”问题。“城镇化”的土地，无外乎几种用途：保留为耕地或生态功能土地、转化为房地产及工商业用地、转化为交通等基础设施用地。不同用途的土地，其经济利益有着极大的差别，单纯从经济利益角度来看，各个主体都有意愿在城镇化的名义下将土地转化为经济利益最高的房地产及工商业用地，而不愿意保留为耕地或生态功能土地。但从国家和宏观整体的角度来看，保留基本规模的耕地和生态功能土地是整体经济社会正常运行和发展的必要前提，如果不能保留基本规模的耕地和生态功能土地，那么其他方面的土地经济利益也就无从实现。

所以，从宏观角度来看，基本规模的耕地和生态功能土地并不是需不需要保留的问题，而是如何协调各种用途土地相关群体利益关系的问题。笔者认为，“坚守 18 亿亩耕地红线”是必要的，理据是：“基本的粮食安全需求量”与“经济利益”两者之间是不可替代的，所以，“基本耕地”与“其他用途土地”之间也是不可替代的。

但是，宏观经济应当通过适当的协调政策措施，使各种用途土地的收益实现均衡。应当着力解决这样一些问题：一是基本的耕地面积必须保障。但必须在耕地与其他用地之间，实现同一市场均衡的条件下来保障。而不是通过“18亿亩红线”的强制管制，来强化“歧视性的二元土地制度”，进而剥夺农民的土地利益。不应当把坚守耕地红线的责任简单地落实在农民身上。二是在同一土地市场均衡的状况下，粮食的价格势必要大幅提高。耕地收益远远低于其他用途收益，是新的工农产品价格“剪刀差”。城市土地可以形成高价格的房地产，而农村土地只能生产低价格的粮食的现象是不合理的，应着力调整这样的利益关系，应使基本农产品生产者得到各种土地的平均收益。三是在新一轮的城镇化过程中，极有可能出现的一种情况是，近期纳入城镇化的区域迅速将土地转化为高收益用途的土地，城镇化人口短期内获得较高的经济收益，而把“坚守耕地红线”的责任进一步推给近期难以城镇化的农民承担，这需要未雨绸缪地防范。因此，必须改革征收农村土地长期收益的分配机制，被征土地的长期承包者、继续承担“坚守耕地红线”责任的土地承包人，都应当获得较大比例的长期受益权。

3. 高房价与城镇化的可持续性问题。过去城市发展过程中，以基础设施建设带动产业进入、进而带动人口进入和区域繁荣。而基础设施建设资金的来源在哪里？高房价往往成为城市土地“增值”基本途径：地方政府按相关政策低价收购，实施“七通一平”后加工成可供开发的熟地，再以“招拍挂”出让给房地产企业，房地产融资建房后高价销售。

在这个过程中，地方政府既获得了土地的巨额差价、又获得了房地产高价带来的税收，由此而获得加快城市建设的资金，进而提升了该区域土地的预期收益。这个过程的最终承受者是购买住房的城市居民，高房价使得城市居民透支长期的未来收入，必然影响到未来时期整体的消费需求。这个“行之有效”的发展途径，极有可能复制到城镇化过程中，即：通过拉高新城镇房地产价格来获得城镇化建设资金并拉高投资者对新城镇的预期收益。这个途径，是不可持续的，但在短期政绩追求的目标下，是不得不防的。

以房地产带动新城镇繁荣的发展模式，开发商的逐利、消费者的从众消费心理和逐利的投机心理、政府加快发展速度的宽松信贷政策，都存在不同程度的非理性。这种发展模式的社会后果是：财富畸形地体现到房产业上，进入新城镇的居民普遍地成为“房奴”——穷毕生之力供房，抑制居民生活品质的提高，也使得城镇化后继乏力而发展难以持续。由此可见，基础设施建设、吸引产业进入、吸引人口进入、土地房产价格，这几个因素之间应寻找到一个协调的发展步骤，强化任何一个方面（以任何一个因素为着重点）都必然带来难以持续的后果。

四、“城镇化”与扩大需求有效结合的问题

以往扩大内需带动经济增长都着眼于城市。而未来一段时期的扩大内需要着眼于城镇化。城镇化最直接的目的是要扩大内需进而带动经济增长。通过城镇化带动内需，制度的改革、财政投入、税收减免以撬动农村内需是必不可少的手段。具体举措可以考虑以下方面。

1. 要扩大新城镇需求，就必须有效增加新城镇化居民的收入和周边农村居民收入水平。新城镇化居民的收入水平提高主要依靠新城镇产业化带来的就业来实现。而周边农村居民的收入水平，除了国家层面上对坚守“耕地”的农民作出必要补偿外，很重要的一个方面，就是农村居民放弃经济开发而保护生态的“贡献”，需要得到生态受益区域的补偿（在生态价值、环境破坏负价值日益得到认识的当下，维护生态不被损害、减少经济活动而减少使用环境污染权等行为，理应得到其补偿）。只有这两方面的转移支付从制度方面到实际操作方面都到位，那么农民收入水平就能够稳步增加，进而新城镇的总需求也就会相应增加。

2. 农村社区及其非农化服务是城镇化的另一方式。城镇化的人口，并不仅仅是为了城市居民日益增长的服务需求，同时也要让更多的农村居民逐步享受到城市居民的生活水平和服务水平。在城乡统筹公共投资、公共服务一体化的目标下，强化农村公共基础设施的投资建设，如，农村安全饮用水工程、农村无害化垃圾处理工程、农村医疗教育养老事业、农村生态维护工程等，在这些投资建设过程中，一方面要给农村居民带来更多更好的公共服务，另一方面则要更多地使用当地劳动力并为之提供长期的公共服务就业。

3. 农村居民单向流向城镇，是城镇化的传统思维。将农村居民简单转化为低收入市民，也难以起到城镇化带动宏观经济的预期作用。城镇化是城乡

公共服务的一体化和均等化前提下的城镇化。城乡公共投资、公共服务一体化与均等化之后，城市居民、农村居民可自由地选择居住地并可自由地流动。在这一目标下，城乡双向流动或许是未来的重要发展方向。部分城市居民因对于乡村环境质量、休闲式农耕活动、季节性休闲等偏好，有“下乡”的需求。只要土地制度、户籍制度、社会保障和公共服务等方面有所变革，那么“农村庄园”就极有可能发展起来。“农村庄园”，由此而带动相关各种服务的需求，或许能够带动农村新社区的发展。这可能是城镇化扩大内需、带动经济增长的一种方式。

4. 经济学理论表明差别定价有利于扩大需求。在可区分消费需求市场的情形下，实现城乡产品服务的差别定价有利于农村消费需求的扩张甚至带动农村社区的形成。如，城市与农村的用电，可以采取农村电价低于城市电价的差别方式，这样将有利于农村居民相关产品需求的扩张。其他方面的消费品，也可以采取类似的差别定价方式来带动新城镇的需求。

五、 协调城镇化相关利益关系的基本原则

城镇化，已成为新时期推动中国经济发展的策略，希冀通过城镇化实现提高居民收入水平、扩大内需、改变发展方式、提升产业结构等目标。但是，我们要理性地认识到，城镇化是工业化以及劳动力流动的一种市场化的发展结果。笔者认为，“城镇化”应当是一种促进发展的战略思路，但不应把“城镇化率”作为具体目标来落实。“城镇化率”更大程度上应当是发展和改革的成果，而不应是发展和改革的直接动力。在推进城镇化的过程中，应有效协调上述方面各方面的利益关系。

笔者认为，在新型城镇化过程中应遵循四个原则，帕累托原则（即，通过城镇化过程中实现某一方利益时以不损害其他方的利益为前提，如不损害边远农村和农民利益），卡尔多改进原则（即，通过城镇化实现过程中实现某一方利益而损害另一方利益时应给予受损方足够的补偿，如对于坚守耕地群体、承担生态维护责任群体的足额补偿），罗尔斯公正原则（即，在城镇化过程中出现不均衡利益关系时应着重关注处于最不利地位群体的利益，如，着重关注城镇化相关利益群体中的弱势群体），可持续性原则（即，城镇化过程

中以不损害生态环境利益、不强化污染排放为基本约束）。

【参考文献】

1. 胡锦涛：坚定不移沿着中国特色社会主义道路前进，为全面建成小康社会而奋斗—在中国共产党第十八次全国代表大会上的报告［M］，人民出版社 2012 年版：22－23。

2. 中共中央 国务院：关于加快发展现代农业，进一步增强农村发展活力的若干意见，《人民日报》2013 年 2 月 1 日。

3. 温家宝：政府工作报告，《人民日报》2013 年 3 月 5 日。

4. 中央经济工作会议在北京举行，《人民日报》2012 年 12 月 17 日。

5. 宋振远、刘书云、周立民：中国“新四化”发展潜力巨大，体制障碍亟待突破［J］，《瞭望》新闻周刊 2012 年 12 月 19 日，转引自中国新闻网 http：//www.chinanews.com/gn/2012/12－19/4421385.shtml。

6. 姚冬琴：中国城镇化存在五大误读［J］，《中国经济周刊》2013（14）：1－5。

7. 邵晨钟：中国新型城镇化六大命题，《金融时报》中文网，http：//www.ftchinese.com/

8. 钟茂初：全面建成小康社会进程中宏观经济发展的若干问题探讨［J］，《学习与实践》2013（2）：5－12。

9. 钟茂初：促进城乡和谐发展的理念与理据［J］，《经济经纬》2007（2）：16－19。

꧁ 下篇 ꧂

➢ 农民工市民化与产业升级

基于刘易斯模型
对中国当前一些经济问题及对策的系统分析

樊 纲 郑 鑫[①]

一、 关于就业转移与工资变动的一般理论

工业化指的不是GDP结构的变化，而是就业的转移，即从传统的农业向工业和服务业的转移。现代发展经济学的奠基人之一亚瑟·刘易斯对一个国家的早期工业化发展阶段的一般过程，概括如下：发展中国家在相当长的一段时间内存在过剩劳动力，这时，对于新兴产业部门（即工业或服务业）来说，出现一条“水平的劳动供给曲线”，即工资在高于农民收入的某一水平上基本固定不变，企业可以长期获得无限的劳动力供给，不存在工资要随就业增加而上涨的情况。这种情况，会一直持续到劳动力转移基本完成的时候，即后人所称的“刘易斯拐点”，在这拐点之后，劳动力供给曲线开始上斜，这时，只有非农业工资进一步上涨，才可能吸引更多的农民继续转移，或者，只有工资上涨，现有的劳动力才愿意更多地外出工作。这时，企业面对的就不再是水平的劳动供给曲线，而是转变为教科书中一般均衡理论中上斜的劳动供给曲线了。

人们一般理解的刘易斯拐点的条件，是过剩劳动力基本用完，工资开始上涨，就业的增加伴随着工资的提高。但是仔细分析一下，刘易斯拐点最基础、最关键的一个条件是：随着农民越来越多地转移出农业，越来越少的人

---

① 樊纲，北京大学、中国社会科学院研究生院教授，现任中国经济体制改革会副会长，中国改革研究基金会秘书长，国民经济研究所所长、综合开发研究院（中国·深圳）院长。郑鑫，综合开发研究院（中国·深圳）博士后。

在原来的土地上耕作，人均耕地增加，农民的收入就不断提高，从而导致农民的收入与工人的工资逐步趋同；当两种产业的工资基本相同时，农民不再有转移的激励，我们才可以说达到了刘易斯拐点。事实上，这个“产业间工资趋同”的条件，是“剩余劳动力基本用完”这一现象发生的基础。或者说，产业间工资趋同，是刘易斯拐点的边际条件①。

在农业收入与工业工资相等的拐点出现之前，因为农业收入的提高，工资也开始提高，也就是有了初步的拐点，我们可以把工业和农业的工资开始逐步上升的起点，定义为“拐点一”（T_1），而把产业工资最终相等那一点定义为“拐点二”（T_2）②。T_2 之后，均衡工资出现，边际工资等于劳动的边际生产率。

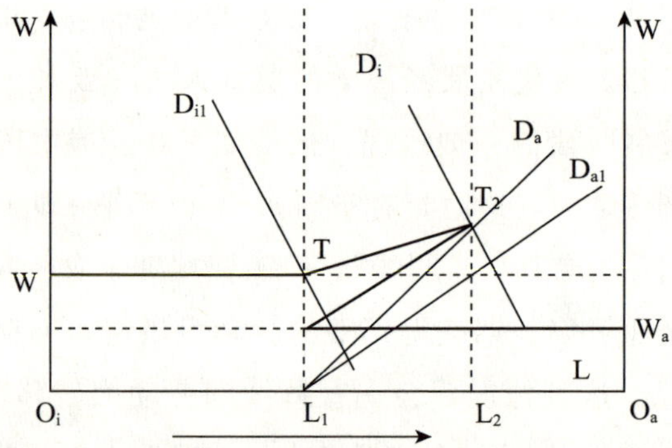

图 1　劳动力转移与刘易斯拐点

图 1 中，纵轴 W 是工资，横轴 L 是劳动力，O_iO_a 是劳动力的总规模，O_iO_a 上的每个点都代表一种劳动力在工业和农业的分布。D_{i1} 和 D_{i2} 是工业对

① 刘易斯通过收入来判断剩余劳动力的观点见《二元经济论》第 75－76 页。“经济发展的早期阶段的大多数国家，其经济不是一元的，而是二元的，即高工资经济和低收入经济并存。”“只要这些部门的收入比高工资部门低，那么劳动力市场上就会有剩余；也就是说，在高工资经济中，只要资本家愿意的话，他总可以得到更多的劳动力。这是经济处于第一阶段时的典型特征。”

② 刘易斯对“拐点一”和“拐点二”的论述见《二元经济论》第 112－114 页。“第一个转折点在非资本主义部门的变化开始影响工资时出现。”“第二个转折点出现于资本主义与非资本主义部门的边际产品相等之时，这样我们便到达了是新古典学派的单一经济的状态。”“决定性的转折点并非第一个，而是第二个，因为正是从这里，我们超过边界进入新古典主义体系。”

劳动力的需求线，随着资本积累，工业部门吸收的劳动力不断增加；D_{a1}和D_{a2}是农业对劳动力的需求线，假定需求线D_{a1}对应的农产品价格为1，随着农产品价格增长，农业对劳动力的需求线绕点L_1向左上方旋转①。W_i和W_a分别是劳动力在工业部门的工资和农业部门的收入，劳动力向工业部门的转移规模L_1和L_2分别对应拐点T_1和T_2，从T_1到T_2，W_i与W_a的差距不断缩小直至为零②。

明确了以上这一点，我们就可以清楚地知道：所谓刘易斯拐点，指的不是总劳动力供给的规模问题（更不是“人口红利”是否存在的问题），而是指农业劳动力的转移问题；它在现实中所对应的，其实就是以劳动就业转移为标志的工业化的初步完成。

二、中国的“民工荒悖论”

中国近几年出现了劳动力的短缺和工资上涨的情况，尽管这种情况大部分是在沿海地区出现的，但也对全国的劳动市场产生了影响，导致近两年农民工的工资平均以10%以上的速度增长。这些现象，当然使人很容易得出中国已经到了刘易斯拐点，过剩劳动力已经用完的结论。

但是，我们可以看到，中国情况与刘易斯拐点的基本条件并不相符。关键的一个事实就是，中国农民的收入，平均说来还不到“农民工”（即已经转移出去的农民）的工资收入的50%－60%③。中国农民的人数还远远没有减少到人均收入与非农产业工资相等的地步。

① 我们将D_{a1}看做劳动力边际物质产品决定的需求线，假定技术不变，D_{a1}与横轴的交点L1确定了拐点一，工业的最低工资确定拐点二。当农产品价格变化引起农业对劳动力的需求线发生变化时，拐点二对应的劳动力转移规模不变，当农业劳动生产力变化引起劳动力的需求线发生变化时，拐点二对应的劳动力转移规模相应改变。

② 刘易斯将Wi与Wa之间的差距归结为（Lewis，1954）：较高生活费用产生的错觉，环境转化的心理费用，工人熟练程度的提高，工会的作用，现代产业与传统产业的差别。我们考虑的是实际收入的差别，这种收入差别产生于现代部门与传统部门的差别以及劳动力流入和流出部门间必须的收入差。

③ 根据《全国农村固定观察点调查数据汇编（2000－2009年）》，以“外出劳动力平均年收入”代表农民工收入，以“家庭经营收入”减“家庭经营费用”来代表农民收入，2003—2009年，农民收入占农民工收入的比重依次为：0.54、0.61、0.60、0.55、0.58、0.61和0.61。

与此相适应的事实则是，按照官方统计，中国还有超过50%[①]的劳动力是乡村劳动力。即使按照更严格的方法，把人在农村但已经不以农业为主要收入来源的劳动者从农民的范畴中减去，中国目前也还存在30%－35%[②]左右的劳动力是农民。这也就是说，中国农村劳动力过剩的情况还远远没有消除（根据其他国家历史经验，农民在一国全部劳动力中的比重下降到10－15%，才会出现产业工资均等的情况，这时才可以认为剩余劳动力已经用完，经济的发展达到了刘易斯拐点）。

这里就出现了一个悖论：按照发展经济学的理论逻辑，在农民的平均收入只有农民工平均工资60%、劳动力转移还远远没有完成的现实情况下，仍在务农的劳动者应该还有足够的经济动机外出寻找收入更高的工作，城市的工业和服务业应该还不会发生劳动力短缺，也不会出现实际工资的明显上涨。但是，现实中，我们又确实可以观察到一些地区出现了民工荒和实际工资的明显上涨。

这就是我们所能观察到的“民工荒悖论”。这就是我们需要解释和解决的问题。

三、 刘易斯拐点之前劳动力短缺与工资上涨的几种情况

在现实中，在工业化完成之前，在农民工转移的过程基本结束之前，就可能因各种原因发生工资上涨和工业劳动力短缺。在分析中国的特殊问题之前，这一节我们要分析在任何一个国家中、在任何一种体制下都可能发生的各种工资上涨的情况。在分析了这些现象之后，我们再把注意力集中到我们关心的重点，即中国特殊的现象上来。要说明的是，我们在这一节所分析的各种情况，在中国也完全可能发生并正在发生着。

（一）第一类关系：存在“无法转移的农民”，导致农业收入较低时发生民工荒

这类关系的特点是：由于在一定时期内一部分农民无法进入工业的劳动

① 根据《中国统计年鉴2012》，2011年我国乡村就业人员4.05亿人，占就业人员的比重为53.0%。

② 根据《中国统计年鉴2012》，2011年我国第一产业就业人员2.66亿人，占就业人员的比重为34.8%。

力供给，因此，即使他们的工资还大大低于工人，工业仍会面临劳动力短缺和工资上涨。这又分为以下几种情况：

第一种情况：由于农村教育水平过低，导致一批农民不具备外出打工、进入现代产业工作（哪怕是劳动密集型产业工作）的基本条件。所以可能在相当长的时间内，一部分农民只能留在农业，无法转移，农业的人均工资也就不可能提高到工业工资的水平；相应地，尽管这时农业中仍然存在过剩劳动力，工业却会面临劳动力供给短缺的情况。中国的农村教育水平在国际比较中应该说是比较高的，但在一些偏远地区，这种情况仍然可能发生。这一因素只有到现代化进程发展到一定程度，农村的教育水平逐步提高到一定程度时，才会逐步消失。对这一因素的分析，可以使我们认识到教育，特别是普及农村教育的重要性。（印度及其他一些国家可以说是这一问题的典型情况）。

在发展初期，一部分当时年龄已经较大的农民，也可能属于这个无法转移的群体，他们不仅受教育水平较低，而且失去了在年轻时外出就业积累知识和经验的机会。

第二种情况：大国中的远距离迁移成本较高。所谓迁移成本不仅是指交通上所需的时间与费用，而且包含着在原工作地点积累的物质财富和社会关系的“沉淀”性损失；进入一个文化上存在差异的社会环境寻找工作的特殊困难，等等。对一个地域较小的国家而言，这个因素可以忽略，而在一个大国，这可能构成一部分人（特别是“风险回避型”人群）难以转移的一个原因。

以上这两种因素复合在一起，可能足以使得一个国家在发展的一定阶段，出现相当大一部分农民还没有转移且收入还大大低于工人的时候，工业所面临的劳动力供给短缺并导致工资上涨。这种情况在更长的时间中（通过几代人的交替），当然是会逐步消失的，但它也可能持续较长的时间，特别是在教育被忽视、没有随收入的增长而发展的情况下。显然，以上的这些都不是到达刘易斯拐点、即工业化初步完成时的情况。

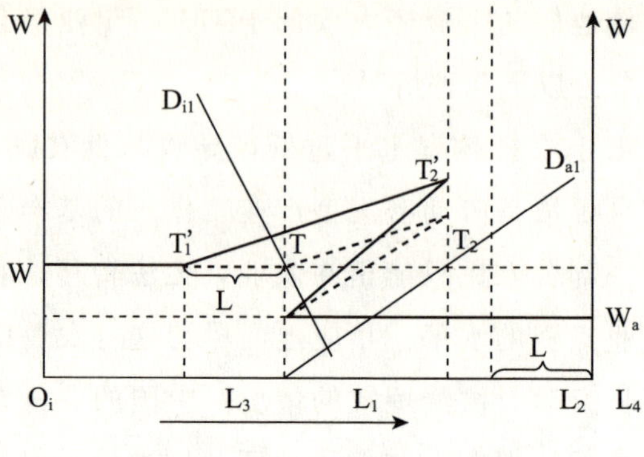

图 2　无法转移劳动力与刘易斯拐点

图 2 中，ΔL_1 是无法转移劳动力的规模，因此 W_i 在 T_1' 处便开始上升。当劳动力转移规模达到 L_1，W_a 开始上升；当劳动力转移规模达到 L_2，W_i 与 W_a 相等，刘易斯第二拐点 T_2' 在更高工资水平下实现。由于存在无法转移的劳动力，当劳动力转移规模达到 L_4 后，工业面对的劳动力供给线的弹性为零。如果无法转移劳动力的规模足够大，当 L_4 出现在 L_2 左侧，刘易斯第二拐点将不能实现。

（二）第二类关系：农业收入不变，工业工资因外部因素而提高

刘易斯本人所分析了这类关系中的两种情况。在劳动力市场的供求关系中，这两种情况表现为劳动力供给曲线水平上移。

第一，工业的增长导致土地及农业的稀缺性相对提高，农产品价格相对上涨（如果不采取压抑农产品价格的政策的话），导致工人生活水平下降，这时只有提高工业工资，才能维持原来的实际收入不变。

在这里我们要注意区分名义工资与实际工资。在一定情况下，名义工资不变，通货膨胀导致实际工资下降；这时若不增加工资，就可能招不到工人；而随后名义工资的提高只是在弥补实际工资的下降，并不是实际工资比以前有所上涨。

第二，"必要工资"的提高。这是刘易斯当时所说的所谓"工人模仿资本家生活方式"的因素。随着经济和社会的发展，过去没有进入社会普遍同意的最低消费范畴的生活条件变成了必须品。这种工资上涨，不是由劳动力市场的供求关系决定的，而是由社会普遍认为的什么是工人的必要生活条件的"观念"所决定（Lewis，1954）。这种工资上涨的过程，往往本身就是一个"缓解收入差距扩大"

的社会运动的过程。工资不变，资本收入提高（包括管理层、白领等“中产阶层”收入的提高），导致社会收入差距的扩大，要求提高低收入阶层工资的社会呼声和政治压力加大，最终会以某种形式推动工资的提高。

必要工资上涨的一个重要形式，是社会保障水平的提高（西方国家历史上社会保障制度的出现，就是收入差距大幅扩大后以改变收入分配为目的的社会政治运动推动的结果）。工人社会福利或社会保障收入的提高，往往在工业部门率先发生，这时，劳动力供给的数量没有变，但企业工资支出已经因社会保障支出的增加而增长。

在社会保障提高的情况中，如果只发生工业部门社保水平提高，农业部门没有提高，会加大农民转移的动机。但很可能的一种情况是工业和农业两个部门的社会保障收入同时同比例提高，这时则不会加速劳动力转移（我们后面会分析一种城市不提供社会保障而农村社会保障提高的情况，那会导致劳动力转移发生逆转）。

以上的两种情况下，都没有发生农业与工业部门两种工资均等的情况，劳动力供给也没有发生变化，只是发生了工资的上涨，因此也不属于刘易斯拐点及之后的情况。差别仅在于，在以上的情况发生时，刘易斯拐点将会在更高的实际工资水平上发生。由于工资的提高可能导致一国工业竞争力相对于其他国家下降，这会导致该经济增长和工业化进程放缓（劳动力转移速度放缓），需要更长的时间才能达到真正的刘易斯拐点。

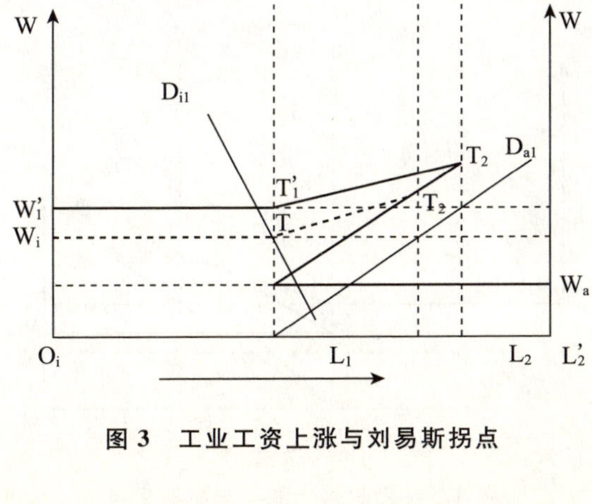

图 3　工业工资上涨与刘易斯拐点

图 3 中，工业部门的工资由 W_i 提高到 W_i'，农业部门的收入 W_a 不变。工资提高导致相同工业规模下可转移的劳动力数量减少，工资提高减少了工业部门的利润，积累转移 L_2 规模劳动力的资本需要更长的时间，工资提高使转移规模达到 L_2' 才能达到刘易斯第二拐点 T_2'。

（三）第三类关系：在农民仍大量存在的情况下，农民的收入相对提高，导致农民转移激励下降。

这是刘易斯和后来的一些经济学家分析最多的情况，也是现实中很可能发生的情况。这又分成以下几种情况：

第一，由技术进步或制度改革所导致的农业生产力的提高，从而导致农民收入的提高。（Ranis and Fei，1961）

第二，政府给农业部门额外的补贴，比如“新农村运动”，改善和提高农民的生活水平（相反的情况是政府对农村加大税收），由政府增加补贴建立农村社保，从而增加农民的实际收入。

在工业工资不变的情况下，所有以上这些都会导致农民就业转移的激励变小，工业的劳动力供给减少，工业过早地面对劳动力短缺和工资上涨的趋势。也许正是因为这种原因，刘易斯当时对日本和苏联抑制农民收入上涨的作法颇为赞赏，认为这样可以加速就业增长和工业化的实现（即早一点到达刘易斯拐点）。

在极端的情况下，这时的农民收入可能与工业工资开始趋同，但是这种“工资均等”却也不属于刘易斯拐点条件，因为事实上还存在大量的农民没有转移。

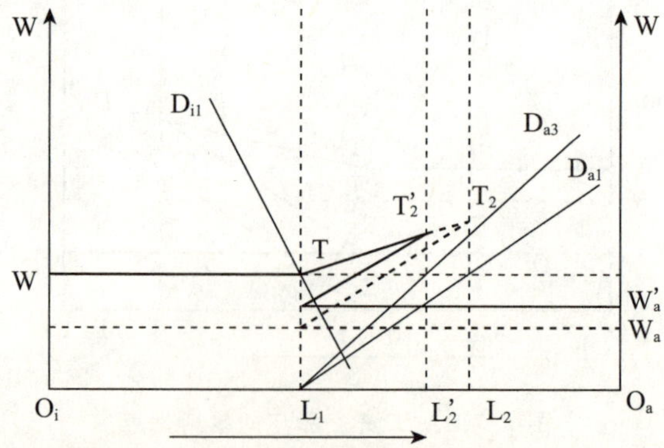

图 4　农民收入上涨与刘易斯拐点

图 4 中，由于农业部门的技术进步，农业的劳动力需求线由 D_{a1} 移动到 D_{a3}，达到刘易斯第二拐点需要转移的劳动力由 L_2 减少到 L'_2。在 W_i 不变前提下，W_i 与 W_a 的差距缩小，因此在 T'_2 实现了 W_i 与 W_a 相等。

从长期看，我们需要注意到这种情况所产生的影响。工业的生产率提高总会快于农业，而在“温饱”实现后，社会的需求偏好（即产品的主观价值）总会更加向工业品和服务品倾斜；而任何通过政府实现的转移支付，其作用只是暂时的，工业化毕竟是一个基本的趋势（发达国家农业劳动力最终只占总劳动力的 2%－5%），早一点到达刘易斯拐点，即达到“充分就业”的状态，才能使工资普遍上涨，削除收入差距扩大的根本性原因之一。相反，大量生产率较低从而自身工资较低、依靠政府补贴的农业劳动力的存在，导致工业工资过早上涨，国际竞争力下降，可能是导致一国陷入“中等收入陷阱”的因素。

小结：以上我们分析了三大类刘易斯拐点之前工资上涨以及与此相联系的工业劳动力短缺即“民工荒”的情况。中国目前现实中的许多现象的背后，也或多或少有以上这些因素的作用。但是无论如何，我们可以看到，这些情况并不是刘易斯拐点已经到来，而是刘易斯拐点的推迟。

由以上的分析我们也可以看到，“产业间工资均等”是刘易斯拐点的本质条件。而要想精确地分析现实中的各种情况，就必须对农民就业转移的微观经济关系进行分析，研究工业工资与农业收入之间的相对关系的每一种变化及其导致的农民个人的行为选择。这是我们研究这一问题的关键。

四、 中国特殊的“农民工早退”

本文重点要分析的，是除了以上三大类的一般情况（即任何一个国家都可能发生的情况）之外，中国的一个特殊情况，即“农民工早退”，所导致的民工荒与工资上涨。这也是一种刘易斯拐点之前的情况，但是一种在中国的制度条件下出现的特殊情况。

（一）中国独特的土地制度与户籍制度

在有关中国农民就业转移相关的制度中，真正独特的其实不是人们通常谈论的人口户籍制度，而是中国农村的土地制度。这种特殊的土地制度，其实是户籍制度的基础。

中国农村的土地制度的特点是：农民只有土地使用权，即“承包土地”，而没有土地所有权，也就是不可以出卖土地，甚至不可以用土地做抵押品获得贷款。一个农民如果在城里找到了工作，外出打工（城市户籍制度并没有阻止这种行为的发生），可以把承包土地转给他人经营，但一旦失去工作，他可以回到农村，再收回承包土地。所以，除了少数城市边缘土地被国家征用后进城的农民，中国的农民不可能成为真正意义上的“失地农民”，虽然土地很小，提供的收入很低，但这块土地事实上提供着农民的就业保障。与此同时，由于土地承包制度是一种长期制度，农民对这块承包土地虽然没有所有权，却为农民提供了养老保障。而农民同时拥有的宅基地，则为农民提供了住房保障。有了这样的农村土地制度，中国的农民也就被“制度化”为农民（外出就业，成了工人，身份仍然是“农民工”），子女教育、医疗保障、福利保障等公共服务，也就自然与土地所在的农村区域挂钩，而不与农民在哪里就业挂钩。

正是因为有了这样的以农村土地制度为基础的农村社会保障与公共服务制度，中国的城市政府，长期以来可以只欢迎农民来城里打工，却不为他们提供社会保障与社会福利，不把他们当作城市的市民加以对待。正是在这个意义上，我们可以说，中国城乡分割的户籍管理制度以及相应的城市社会保障制度，是以农村土地制度为基础的。

这种制度的一个优越性在于，它不产生大量的失地农民从而可以避免“城市贫民窟”现象。但它的问题在于，由于城市不为进了城的农民工提供社会保障和公共服务，就导致农民工很难在城里定居下来，成为永久的工人和永久的市民。随着年龄的增长，进城农民所面临的结婚生育、子女教育、住房安居、医疗养老等一系列具体问题，导致他们当中的相当大的一部分人，不得不“退回”到农村。特别是远距离迁移的农民工，迁移成本本身就较高，与子女的分居会越来越不可接受，使他们不得不退回农村。近年来中国政府加强对农村的转移支付，建立农村社会保障制度，通过“新农村运动”改善农村的居住条件与社会环境，更使得“在另一头的”农村生活的吸引力提高，导致更多的农民退回农村，过早地撤出了城市的劳动力（供给）市场。

或者，用另一种方式来说，是由于中国特殊的土地制度和相应的户籍制度，导致农民选择了先外出打工，然后在一定时期退回农村的行为方式，来实现他们的“生命周期效用最大化”目标。

我们就把这种农民工因城市不为他们提供社会保障与社会福利而难以在城市定居而过早地退出城市劳动力供给、退回农村的现象，称为“农民工早退”。这种农民工早退主要表现为以下的一些现象：城市里很少有“老农民工”①；农民外出打工时间短②；农民工平均年龄低③；而农村存在着一批有外出打工经历的中年农民④。

（二）农民工早退与城市劳动力供给短缺

一部分农民工早退了，城市的劳动力供给的增长速度就放缓甚至是逆转了。特别是沿海地区，由于远距离外出打工的内陆地区农民工的早退，便出现了民工荒地和工资过快增长的情况。根据前面我们对其他一些因素的分析，工业化实现之前出现民工荒，不一定都是由农民工早退引起的，但显然在中国，这是一个重要的原因。

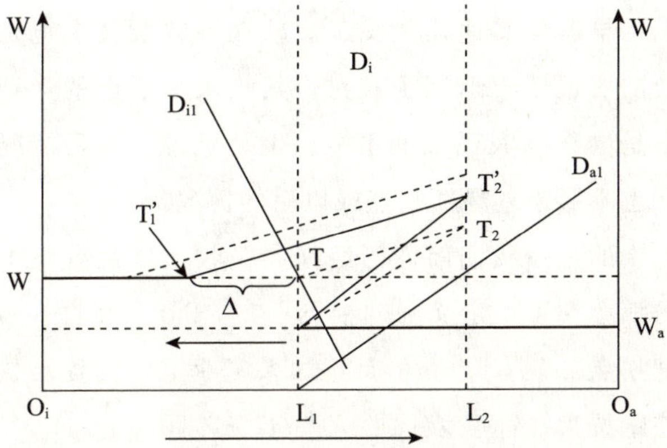

图 5　农民工早退与刘易斯拐点

① 根据《中国 2010 年人口普查资料》，户口登记地在外乡镇的"务工经商"人员的 51－64 岁人口占比为 6.34%。

② 根据国务院发展研究中心《农民工市民化—制度创新与顶层政策设计》，农民工外出打工平均为 7.01 年。

③ 根据《中国 2010 年人口普查资料》，户口登记地在外乡镇的“务工经商”人员的平均年龄为 33.31 岁。

④ 根据综合开发研究院课题组 2013 年 1 月对 2000 个深圳农民工的调查，24%表示未来要回到农村定居，2012 年对重庆市巫溪县中年农民工的调查，访问的 139 个在工厂打工的农民工中，有 46 人已回家，其中 27 人表示不再外出，占被访者的 20%（详见本书第三章第一、二节）。

图 5 中，ΔL_2 为早退回农村的农民工，工人工资在 T'_1 开始上涨，在 T'_2 工人工资与农民收入相等。早退规模 ΔL_2 越大，T'_2 的位置将越高。由于存在农民工早退，在农业仍有剩余劳动力时，城市出现工资上涨，工人工资与农民收入的差距扩大。

农民工早退现象与前面分析的几种“刘易斯拐点之前”的劳动力短缺现象，不尽相同。这里所涉及的农民，不是“无法转移”的农民，因为事实上他们已经外出打工并曾经在城市就业过；他们退回农村，不是因为工业工资绝对地太低或农民收入绝对地较高，而是因为随着时间的推移和年龄的增长，不提供社会保障和公共服务的城市就业的吸引力逐步相对下降，而农村的生活条件变得更加具有吸引力。对比于其他一些存在失地农民和城市贫民（失业）国家中城市失业率长期居高不下（即劳动供给长期充足）的情况，中国特殊的土地制度和户籍制度，是导致这种独特的农民工早退而导致城市劳动力短缺现象的制度原因。

但是，农民工早退与其他几类民工短缺在一定意义上也是一样的，那就是，这里的涉及的农民工，退回了农村，其收入水平也就降到了农民收入的较低水平，而不是继续拿农民工的工资。也就是说，这种情况下也不存在工资的均等，因此也不属于刘易斯拐点或以后的情况。

特别需要指出的是，我们前面已经把农民收入还没有与工人工资相同时工资开始上涨的那个拐点，定义为“拐点一”（T_1），而收入最终实现趋同的那一点定义为“拐点二”（T_2）。但是，如果工业工资的提高快于农民收入提高，不仅收入差距拉大，而且农民收入与工资差距也进一步拉大，“系统发散”，即永远不会有产业间工资趋同的拐点二（T_2）。那将是最可怕的情况（本文没有对此做相应的图示）。

（三）政策含义

以上关于农民工早退问题分析的直接的政策含义就是尽快为进城农民工提供社会保障和公共服务，实现农民工的市民化。现在进行这方面的改进，已经不太可能让已经退出城市劳动力供给的“中年农民”再返回城市，但是可以使下一代及以后的农民工不再早退，从而减缓城市劳动力的短缺。

为农民工提供社会保障和公共服务，并不意味着要立即为他们提供与当前城市居民所享受的那样高水平、全面的保障与服务。农民工的人力资本相对较低，工资相对较低，与此相适应的社会保障与公共服务水平也可以相对较低。对于年龄较低、就业竞争能力还较强的农民工而言，只要城市能够提供一定的公共服务比如子女教育和医疗保障，他们就可能选择在城市定居。住房保障可以随着农村宅基地制度改革而逐步提供，养老保障最初水平低一点不是重要的问题，只要这种保障可以随着就业的迁移而迁移，农民工就可以不再仅仅依靠农村土地所提供的保障。

中国的城市化水平较低（即城市居民占总人口的比重较低），低于工业化水平（即工业和服务业就业的劳动力占劳动力总数的比重），一个重要的原因就是在于农民工市民化程度较低。认识到了这一点，就可以明确政策调整的方向。农民式市民化是一个逐步实现的历史过程，不可能一夜之间完成，但是，我们的分析表明，相关的政策调整，已经刻不容缓。

五、 工资上涨与“中等收入陷阱”：问题与对策的思考

农民工早退，工资过早上涨，加重了人们关于中国陷入“中等收入陷阱”的担忧。

工资上涨，提高消费在GDP中的比重，缓解工资与资本收益的差距，就本国经济而言，本身是好事。但是，在全球化的背景下，由于国际间的竞争，一国的工资上涨了，其他国家的同等就业的工资没有上涨，该国的竞争力就会削弱，一些产业会转移出去，不仅其他国家的跨国公司会转移，本国的企业也会转移，从而有可能导致该国的投资下降，经济“空心化”，增速放缓，就业增长放缓甚至停滞，失业率居高不下，工人与农民之间的收入差距长期不能缩小甚至反倒进一步扩大。人们通常会把这种情况称为该国经济陷入了“中等收入陷阱”，这时，工业化进程也就不可避免地发生“中途停滞”。

图6中，由于工资上涨超过了产业竞争力所能承受的范围，引起了资本外逃，工业规模缩小，工业对劳动力的需求线由D_{i1}左移到D_{i3}，L_5L_1是工业少吸纳的劳动力。工资上涨后，需要转移的劳动力增多，但工业能转移的劳动力减少，这样到达刘易斯转折点需要更长时间的发展和积累。

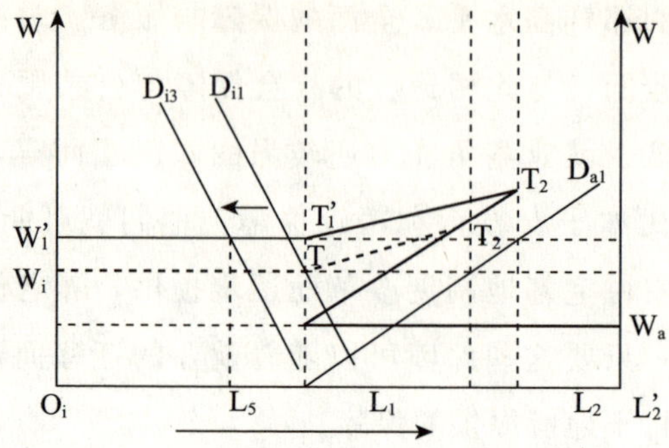

图 6　资本外流与刘易斯拐点

但是，在说明农民工早退与中等收入陷阱的关系之前，我们有必要还是先在理论上区分不同的收入增长的情况，说明什么是真正的中等收入陷阱。

（一）产出率提高：中等收入但不是陷阱

首先要区分的是工资提高与劳动成本提高。如果工人的劳动生产率与工资同比例地提高，单位产出中的劳动成本并不会提高，竞争力也不会削弱。因此，这里的关键问题是（单位工人的）工资的提高是否因工人劳动生产率没有相应的提高而导致（单位产出的）劳动成本的提高。只要工资的提高伴随的是生产率的同等程度的提高，收入的提高就不会导致竞争力的下降，原则上一国达到了中等收入，也不会出现所谓的中等收入陷阱。

可见，所谓中等收入陷阱出现的本质条件是工资收入的上涨快于劳动生产率的提高，而问题的关键可以归结为劳动生产率是否提高或“工资效率”是否提高。中等收入本身是好事，有中等收入而没有“中等生产率”才是问题。

（二）低端产业也可以提高生产率

如果说以上的概念还不难理解的话，更容易产生误解的问题在于如何提高劳动生产率。通常人们的理解是，各种产业的生产率是一定的，要想提高一国的劳动生产率，就要从低端制造业向高科技产业转移，放弃低端制造业，实现所谓的“产业转移”，才能提高一国的劳动生产率。

但是，在一定的资源禀赋条件下，一国仍然存在的大量没有受过较高等教育的劳动力（比如农村劳动力或“农民工”），无法从事高新科技的工作，该国就根本无法实现这种就业意义上的产业转移。而正是这种“低不成又高不就”的情况，导致一国陷入所谓的中等收入陷阱，这时只是一部分受过高等教育并从事高新产业的人的收入到了中等水平，而其他人还只能从事低端产业。

在资源禀赋或要素结构一时还改变不了的情况下，我们要认识的一个重要问题是：低端产业本身也可以通过提高生产率而避免陷入中等收入陷阱！即使是劳动密集型产业，也可以通过各种创新（不仅是技术创新）而提高效率，提高产出率。关键的问题是产出率的提高，而不是只有提升产业结构才能实现产出率的提高。如何改革体制，调整政策，促进制造业中大量中小民营企业的持续发展，为它们提供更有利的市场环境与金融条件，如何使企业家不是在各种“提升产业结构”的鼓噪下变得自己瞧不起自己所从事的行业整天想着如何“转产”，而是能够专注而专业地长期发展自己的产业从而提高生产率和改进产品质量，才是政策应关注的关键。只要我们的制造业都能以劳动生产率的提高“弥补”工资的上涨，我们的竞争力同样不会下降，同样可以避免陷入中等收入陷阱。

另一个需要重视的问题当然是发展教育，包括中等职业教育。在发展中国家可能出现的情况往往是“提高产业结构”的口号叫了多年，产业结构仍不能发生变化，根本的原因就在于我们的“要素质量”还没有提高，要素结构还没有发生改变，而产业结构改变的基础和前提正是要素（禀赋）结构的提升。这就再次提醒我们，根本的问题是要把政策的重点放到“提高要素质量”即发展教育、改革有利于知识存量扩大和创新能力提升的各种制度上来，而不是只关注表面的产业结构。从本质上说，产业结构是企业和市场选择的结果，政府政策所应做的仅在于提供有利于要素结构提升的公共品（主要是制度与教育）。

（三）什么是真正的中等收入陷阱：福利陷阱

如前所述，真正的问题不在于中等收入，而在于收入到了中等，生产率还没有中等。所以真正的问题在于因种种原因，包括各种政府补贴和社会福利在内的收入的增长超出了劳动生产率的提高速度，结果导致成本提高和竞争力的下降。而且，由于这种收入的提高没有生产力的基础，主要依靠政府干预和政府补贴的扩大，不仅导致国际竞争力下降，还会导致政府债务的增长，引发债务危机、通货膨胀、经济危机等，使得一国的经济增长陷于停滞，就业停止增长，收入差距进一步扩大而不是缩小。我们称这种没有生产力提高为基础的收入增长的情况，或收入增长快于生产力提高的情况，称为“福利过度陷阱”（简称福利陷阱）。历史上一些发展中国家在收入达到一定水平后陷入停滞，或多或少都与这种福利陷阱的出现有关（樊纲、张晓晶，2008）。

以福利陷阱为本质的所谓“中等收入陷阱”的出现，有其必然性。经济增长在初期阶段由于不可能一夜之间实现充分的就业转移，就不可避免地伴随着收入差距的扩大。为此，利益群体的政治压力赋予了政府收入再分配的职能，并建立了社会福利即社会保障制度以缓解和缩小收入差距。这也是现代市场经济发展的必然趋势。我们发展经济，也一定要建立社会保障制度。但一旦政府有了这样的政治职能，就为政府过度干预收入分配提供了可能性。在我们这样一个人口大国（历史上还没有一个超过 3 亿人口的国家跨越了中等收入阶段!），实现工业化和充分就业的道路会特别漫长，在这个过程中收入差距可能会持续扩大到令人无法忍受的程度，对收入分配的政治压力会特别地大。因此，在我们的特殊条件下，出现福利陷阱的可能性比其他国家还要大。这是特别需要警惕的。

收入差距与社会紧张关系的问题，与经济学相关，但已经超出了经济学的范畴，因为社会平等观念（差距的可接受程度）、政治制度以及民粹主义等问题已经超出了经济学本身所研究的领域。在这里，经济学所能给出的原则性政策建议仅在于：一方面要尽可能地通过体制改革和要素质量的改善提高生产力，另一方面尽可能地使得收入的增长（包括政府补贴的增长）不快于生产率的提高，从而保持经济的基本均衡，避免国际竞争力的下降，才能避免各种危机的出现，最终实现工业化（刘易斯拐点）和现代化。

最后还要指出的是，福利陷阱本质上不是发展中国家或中等收入国家独有的现象，而且与我们现在的产业结构、有没有高附加值的高新科技产业本身没有必然的联系。发达国家的产业都是高端产业了，但只要收入或福利的增长快于生产力的提高，也会陷入福利陷阱。现在发达国家普遍陷入了公共债务危机，就说明了这一点。只不过，落后国家往往会以发达国家收入相对均等、社会保障制度较为发达的情况作为参照系，也就较容易发生“福利赶超”，想在5000美元人均GDP的条件下实现50000美元时的社会平等，发生福利陷阱的可能性就会更大一些。

（四）农民工市民化的作用：防止全社会工资上涨快于生产率的提高

在搞清什么是陷阱什么不是陷阱之后，我们可以集中来分析一下农民工早退与所谓中等收入陷阱的关系。

农民工早退可能导致陷阱问题的风险是双重的：

一方面，由于劳动力过早出现结构性短缺，市场供求关系导致工资过早、过快地上涨，更容易发生工资增长快于生产率提高的“陷阱”问题。

另一方面，即使工业工资的上涨本身没有超过工业生产力提高的速度，早退回去的农民工的生产率却降回到了农业的生产率，与此同时，收入也相应的下降，与工业的收入差距进一步扩大，会使得要求政府干预收入分配、加大政府补贴农民的社会压力加大，导致全社会范围的福利陷阱的产生。

可见，我们不仅要关注工业工资的上涨是否快于工业生产率的提高，还要把大量农民存在的情况下农业劳动生产率与农民总收入的相对关系也纳入分析的视角。农民工不早退，继续在工业和服务业中就业，收入相对较高，但生产率也较高，原则上说不需要什么政府补贴（社保缴费都是其生产率的一部分），也就不会出现所谓的陷阱问题。本文讨论的改革有关制度加速农民工市民化、防止农民工进一步早退的政策主张，不仅是针对工业竞争力的，也是要防止出现全社会的工资上涨快于全社会劳动生产率（含农业劳动生产率）提高速度的情况发生。

（五）产业向内陆地区转移：大国地区差距缩小的作用

面对中国的特殊问题，要实现农民工早退的“逆转”，可能还需要一定的时间，因为土地制度和户籍制度的改革是需要时间的，城市化即农民的市民化也是需要一定时间的。这“一定时间”在我们这样一个大国，可能是很长的时间。在这一较长的时间过程中，还可以做哪些事以避免中等收入陷阱？

前面我们曾经提到，中国农民工早退现象中的一个因素是远距离迁移的迁移成本较高，导致一部分农民工在无法在沿海地区城市定居的条件下选择早退回内陆地区。这当中存在着中国这样一个大陆国家地区差距的因素。而正是这一因素，决定了目前出现民工荒和工资较快增长的主要是沿海地区，而内陆地区工资仍相对较低（同时土地成本和其他生活成本相对也较低）。这就产生了一种可能，如果内陆地区的投资环境得到改善，包括市场制度的改革与交通等基础设施条件的改善，一部分交通成本相对较低的产业，有可能通过向内陆地区的迁移而继续保持成本的国际竞争优势，这也可以使得一部分有“打工”经验的劳动力在家乡附近重新就业。这是近些年中国正在发生的事情。这也应成为中国避免陷入中等收入陷阱的一个重要的政策关注点。

【参考文献】

1. Everett S. Lee，1966，A Theory of Migration [J]，Demography，Vol. 3，No. 1，pages 47 - 57.

2. Indermit Gill，Homi Kharas，2007，An east Asian Renaissance：Ideas for Economic Growth [M]，The World Bank.

3. Lewis Arthur，1954，“Economic Development with Unlimited Supplies of Labour” [J]，the Manchester School，Volume 22，Issue 2，May，pages 139 - 191 .

4. Minami Ryoshin，1968，The turning point in the Japanese economy [J]，The Quarterly Journal of economics，Vol. 82，No. 3，Aug. Pages380 - 402.

5. Minami Ryoshin，1970，Further Consideration on the Turning Point in the Japanese Economy（I）[J]，Hitotsubashi Journal of Economics，Vol. 10，Feb. Pages 18 - 60.

6. Ranis Gustav and Fei John，1961，“A Theory of Economic Development” [J]，American Economic Review，Vol. 51，No. 4，Sep. Pages 533 - 565.

7. 阿瑟·刘易斯，施炜等译，二元经济论 [M]，北京经济学院出版社，1989 年版。

8. 蔡昉，2010，人口转变、人口红利与刘易斯转折点 [J]，经济研究，第 4 期，4 - 13 页。

9. 蔡昉、都阳，2011，工资增长、工资趋同与刘易斯转折点 [J]，经济学动态，第 9 期，9 - 16 页。

10. 樊纲，2010，“十二五”规划与城市化大趋势 [J]，开放导报，第 6 期，5—9 页。

11. 樊纲、张晓晶，2008，“福利赶超”与“增长陷阱”：拉美的教训 [J]，管理世界，第 9 期，第 12 - 24 页。

12. 费景汉、古斯塔夫·拉尼斯，洪银兴等译，增长和发展：演进观点 [M]，商务印书馆，2004 年版。

13. 孙文凯、白重恩、谢沛初，2011，户籍制度改革对中国农村劳动力流动的影响 [J]，经济研究，第 1 期，28 - 41 页。

14. 陶然、史晨、汪晖、庄谷中，2011，“刘易斯转折点悖论”与中国户籍—土地—财税制度联动改革 [J]，国际经济评论，第 3 期，120 - 148 页。

15. 约翰·奈特、邓曲恒、李实，2011，中国的民工荒与农村剩余劳动力 [J]，管理世界，第 11 期，12 - 27 页。

重塑中国：新型城镇化、深度城市化和新四化

邵　宇　王　鹏　陈　刚[①]

一、 路径依赖： 独一无二的中国城镇化

中国正经历着与任何一个国家都不一样的、前所未有的城镇化过程。如果使用通常所定义的城市化率，从城镇常住人口比例的增长速度来看，中国的城镇化貌似与其他众多国家并无明显差异。按城镇人口占总人口的比例计算，中国的城镇化率从1980年到2010年增长约30个百分点，年均增长1个百分点。尽管中国的城镇化速度相对于欧美等发达国家增长很快，但与日本、韩国、拉美等快速城市化的国家相比则显得较为一般。

然而，传统上按照城镇人口占比来衡量城镇化水平的方法未能反映真实的中国城镇化过程。其中有四个关键的因素共同决定了中国的城镇化过程与世界任何一个国家都不一样：总人口规模、等级化的城市管理体制、城乡二元分割体制和以地方政府为主体的GDP锦标赛。工业化使得大量的“农民工”进入城市，然而中国人为设定的户籍制度又使得这些“农民工”成为“半城市化”的常住人口，这也就是过去几十年国家获得剩余价值实现工业化积累的“人口红利”，如今到必须再平衡的阶段了。

（一）人口规模决定城镇化的广度

中国的人口基数决定了中国城镇化过程所面临的挑战和对世界的影响都

① 邵宇，东方证券股份有限公司首席经济学家，复旦大学金融研究院研究员，南京大学工程管理学院教授；王鹏，东方证券股份有限公司研究所；陈刚，东方证券股份有限公司研究所。

远远大于其他国家。诺贝尔经济学奖得主斯蒂格利茨早期曾预言，“中国的城镇化和以美国为首的新技术革命将成为影响人类21世纪的两件大事”如今，其预言正逐渐成为现实，中国的城镇化过程因其人口规模巨大而备受瞩目。

根据世界银行2011年《世界城市化展望》报告的统计，在1950到2O00年的50年中，中国城镇人口增长占全世界城市人口增长的18.47%，排名第一，其中大部分都是城乡存量人口增长。根据世界银行预测，2000年到未来的2050年中国新增加的城镇人口将占全世界的16.1%。由此可见，到2050年，中国新增的城镇人口规模将相当于现在的美国、墨西哥和日本三国加起来的总人口，而其中绝大部分都是城乡人口的存量转变。

中国目前的加速城镇化过程无疑是世界有史以来最大规模的主权经济体内的人口转变过程，将不可避免的影响全球脉搏，也决定了中国在未来城镇化道路上仍需“摸着石头过河”。

（二）等级化的城市管理体制限制城镇化的空间

中国的等级化城市管理体制决定了中国是“城镇化”，而非简单的“城市化”过程。中国的“城市”概念与国外差异很大。2011年中国的城镇人口6.9亿，而“城市”却只有657个（直辖市、地级市、县级市），数目如此少的“城市”却容纳了相当于两个欧元区国家总人口规模的城镇人口，这在西方看来是不可思议的。其中最大的不同在于，中国的城镇是等级化的管理体系，省下面除了地级市、县级市，还有为数众多的县、镇、乡。国家发改委城市和小城镇改革发展中心主任李铁指出，平均镇区人口1.1万人，最多的人口可达近百万人，这在国外已经是大城市了。如果我们讨论“城市化”只关注657个“城市”，要把至2050年新增的5.46亿人口全部安置在这657个“城市”，将是不可承受之重。

因此，在讨论中国的urbanization时，强调的是“城镇化”，即讨论“大城市”的同时，也必须关注“小城镇”，实现大中小城市和小城镇的协调发展。国家历年关于促进城镇化发展的政策文件中也始终强调中小城市和小城镇的重要性。

从城镇的行政级别角度看，未来城镇化的重点之一是布局与发展城市圈，带动周边卫星城镇的发展，以及发展县域经济中实力相对较强的中小城镇如县城驻地镇等，提升城镇化质量，促进产业集群，协调推进工业化、城镇化发展。

（三）城乡二元体制的裂解决定城镇化的深度

中国的城乡二元分割体制的改革决定了中国未来城镇化的空间仍然巨大。有人指出，若按照“城镇化＝1－农村化”计算，考虑到目前中国单纯务农的人口已经不多，因此认为中国实际的城镇化空间有限。这主要是从农民的非农就业角度分析。改革开放以来，特别是1990年代以来，大规模的农民进城务工激发了中国经济的活力。随着剩余劳动力的逐渐转出和人口老龄化的出现，无限供给的非农就业劳动力将逐渐成为历史。

这是否意味着中国未来的城镇化动力不足呢？中国与大部分国家不同之处在于，中国农民除了就业的城镇化以外，还有一个重要的环节尚未实现，那就是消费的城镇化，亦即“农民工”的“市民化”。强调新型城镇化并非城市化率的提高，而是需要关注“半城市化”农民工的市民化及增量城市化，尤其是其中存量的深度城市化。

过去中国的城镇化主要体现在投资的迅猛增长，未来的城镇化将更多的体现在消费的增加上——即城市发展水平的提升、公共服务的均等化、社会发展的再平衡。中国存在“城市土地国有、农村土地集体所有”的城乡二元土地制度，以及“农业户籍与非农户籍并存”的城乡二元户籍制度。这种特殊的城乡二元分割体制牵涉的城镇福利、社会保障和土地利益等，导致过去30多年进城务工的农民在生活习惯、消费模式上都未能真正转变为市民模式。目前大部分的进城务工农民的家庭总收入一半来自于老家的务农收入，一半来自于外出务工的工资性收入，因此他们既离不开土地，也离不开城市。土地承担了他们的一半收入和社会保障功能，城市收则让他们摆脱了贫困，但他们总体仍处于相对稳定但不富裕的状况，也限制了相应的消费水平。从另外一个角度来看，当前中国城市的发展水平也尚不足以支撑起所有的“农民工”享受均等的社会福利和公共服务，这也是深度城市化的核心要义之一。

那么，这个消费增长的空间有多大？按照非农户籍占农业户籍人口的比例计算，2010年中国非农户籍比例为34.17％，与2010年按常住人口统计的49.95％的城镇化水平相比，其中有约16％人口的差额。再按照世行预测的

2020年中国13.8亿人口计算，如果未来城镇常住人口中的农业户籍人口全部转化为非农户籍人口的消费模式，那么将释放出2.2亿人口的消费潜力，如果再把约8个百分点的新增城镇人口加进来，那将在短短8年内释放出3.3亿人口的消费潜力！

因此，关键在于实现农业户籍人口的市民消费模式转换，实现进城务工农民与城镇生活方式的真正融合。其中不仅包括务工者本人，还包括其家属。务工者主要是生产者，而家庭则带来消费，这种生活模式才能促成一个良性、可持续的经济循环。要释放出未来8年这3.3亿人口的消费潜力，需要多方面的改革和布局，包括产能布局、土地制度和户籍制度的改革、城镇基本公共服务均等化、财税体制改革、城市质量和管理水平的提升，以及农业现代化的发展等等。

（四）GDP锦标赛决定城镇化的速度

中国特殊的GDP锦标赛通过推动工业化带动城镇化快速发展。

地方政府间的锦标赛竞争并非中国特有，但以GDP增速作为竞赛标准却具有中国特色。GDP对于地方政府有两层意义，一是政治意义上的晋升机会，二是经济意义上的财政收入。首先是政治动机，在西方国家，地方政府对选民负责，为争取更多的选民，往往以地方公共服务水平和个人税收等作为竞赛标的。而在中国，对上级领导负责的政治体制促使易于观测的GDP增长成为考核的重要指标之一。在这场GD锦标赛中，上级政府是竞赛的发起人和目标、规则的制定者，下级官员则是运动员。跑在前面胜出的运动员不但会享受更多的经济政策方面的偏向，更重要的是，胜出者将得到政治荣誉和晋升，落后者则可能失去机会。第二，经济动机。1994年分税制以来，中央与地方按税种、按比例进行分成，实质上是中央将财权再度集中，地方为了财政收入最大化，只能将税基做大（包括大规模，快速土地出让），因而做大GDP成为他们的理性选择。

GDP锦标赛的表现之一是发展目标的层层加码。从各级政府提出的发展目标不难发现，当上级政府提出一个目标，下级政府往往提出更高的目标，往下层层加码，越到基层，加的越多。尤其是GDP和投资增长率，最后加总的结果必然是超额完成上级政府的初始目标。

GDP锦标赛的表现之二是投资与政治周期的高度相关。根据我们统计的过去三十年每个五年计划依次的平均投资增速，往往在五年计划的第二年和第三年，固定资产投资增速出现显著回升。这一特征刚好与中国的政治周期相吻合。财政支出上也有相似的规律。各地政府为响应中央号召而纷纷展开“为增长而投资”的竞争。

GDP锦标赛加快了土地城镇化和农民非农就业的速度，却造成了资源的粗放利用和生态环境恶化。在西方，“用脚投票”的是选民，而在中国，“用脚投票”的是企业。地方政府为了做大GDP，为了增加长久的税基，需要吸引企业在辖区内投资办厂，于是大规模的“招商引资”热潮在全国展开，“开发区”、“工业园区”遍地开花。工业用地零地价出让、税收优惠、税收返还等成为招商引资的重要手段，基础设施建设成为吸引投资者的重要工具。地方政府通过扭曲资源价格（包括贷款、土地）极大地促进工业制造业的发展，产生强大的拉力吸引农民的非农就业，这是中国过去20多年的快速工业化、快速土地非农使用、快速人口非农就业的秘密所在。然而，在快速土地城镇化和农民非农就业过程中，土地资源由于价格被压低而导致粗放利用甚至闲置，工业企业对空气、水资源等的污染缺乏有效的监管，同时进城务工农民的福利也被忽视。这种在GDP锦标赛激励下的不惜代价的增长方式显然不可持续。

必须看到GDP锦标赛，有红与黑，罪与罚各方面的表演，既有官员在分税制下的理性经济动机，亦有对上级政绩表现的主观政治动机，还有灰色收入和官员腐败等的副产品。就其对这一狂飚突进时代中几代人的影响，我们的评价可能不能过于苛刻或者理想化，实际上在全球城市化的过程中，非道德因素都很多，因为都是某种形式的原始积累，无非海外叫“羊吃人”（英国），土地兼并（美国），中国叫“剪刀差”、“赶农民上楼”和“农民工”。中国GDP锦标赛犹如经济列车运行中安装的强力引擎，过快地损耗了有限的资源以换取速度。现在需要改变，但并非急刹车将引擎拆下换装，那将导致列车停滞乃至不可控，而是要在运行中逐渐调整，以达到更可持续的常速。

我们认为，未来对待GDP锦标赛的合适态度将是扬弃，而非抛弃。通过适当的财税体制和政治体制调整，引导地方政府职能转变，从建设型政府转变为服务型政府，同时保有发展地方经济的激励。具体的改革方向是完善公共财政体系，包括财政预算公开、官员财产申报、土地出让收入纳入公共财政管理体系等。通过促进政府职能转变，改变过去不惜代价的土地城镇化模式，转向关注民生的、绿色集约的新型城镇化道路。

二、 六位一体： 走中国特色的新型城镇化道路

中国的人口规模、等级化的城市管理体制、城乡二元分割体制和 GDP 锦标赛决定了中国的城镇化过程不同于任何一个国家，必须要走一条符合中国国情的、大中小城市和小城镇协调发展的、结合生态文明理念（集约、智能、绿色、低碳）的新型城镇化道路。一方面，必须走资源节约、环境友好的经济发展路径；另一方面，必须解决不同区域城镇化水平的差异，实现产业合理布局，构建超级城市群、大中小城市和小城镇协调配合发展的新型城市体系。

新型城镇化道路可以从产能布局、户籍制度改革、土地制度改革、财税体制改革、城市管理升级和农业现代化等六个方面着手。

(一) 产能布局:“三纵两横”的产业结构调整和重新布局

为了分析中国城镇化与产业分布的关系，首先需要理解产业发展与一般城市化进程的关系。关于城市化和城乡一体化的理论大致可分为四种：结构转换理论、人口迁移理论、城市发展理论和经济一体化理论。一般认为，城市化是伴随着工业化的发展而发展。根据结构转换理论，一国随着收入水平的上升，产业结构重心将逐渐从农业转移到第二、第三产业，其中的核心是在恩格尔规律作用下，随着收入水平的上升，食品消费支出的比例逐渐下降，结果是农业部门的产值份额和就业比重不断下降。而根据人口迁移理论，发展中国家充裕的农业劳动力的边际产出接近零，城镇相对较高的收入吸引农村人口不断地转移到城镇部门，直到农村劳动力的边际产出等于城镇部门的边际产出时人口转移停止。

上述理论表明，城镇化的发展离不开产业的发展，而中国未来的城镇化的健康发展迫切需要产业布局的支撑。为了寻找中国未来的城镇化空间分布方向和相对应的产业分布方向，我们着重分析三个经济指标：人均 GDP 空间

分布、地均二三产业产出分布和人口流动分布。我们认为，根据经济规律，城镇化的空间分布应服从城镇部门生产效率的分布，同时也应该体现人口流动的方向。

从地均非农产业产出和人均产出看，生产效率最高的是东部的环渤海、长三角和珠三角三大城市圈，中部的郑州、武汉、长株潭、皖江、成渝连接起来的“黄金十字架”城市圈，以及西部的如克拉玛依、鄂尔多斯等的地缘和能源开发区。从人口流动的空间分布看，其同样遵循东中西部的这三个分布规律。

因此，未来的产业分布将逐步形成“东部研发、西部资源和中部生产”的立体产业结构，主要围绕“三纵两横”而分布。所谓“三纵两横”，即以欧亚大陆桥通道、长江黄金水道为两条横轴，以沿海地区、京哈—京广沿线、包头—西安—成渝—昆明通道为三条纵轴。

具体而言，以环渤海、长三角、珠三角为核心的三大东部城市圈将进入城市精细化管理阶段，切实改善民生，提升城市管理水平，同时高端先进制造业、生产性服务业和金融贸易航运逐步取代普通制造业成为东部地区主要城市的经济流量；

中部城市以京广线和长江黄金水道交叉的中原经济区、皖江、武汉、长株潭、成渝经济区为核心的“产业转移黄金十字架”完成产业转移和升级，调整资本密集和劳动力密集的现代制造业产业结构和集群布局，这也将提供未来经济增长的核心动力；

西部城市（含一些延边城市）则更多成为能源和地缘的中心，同时兼顾新能源发展和边境区域贸易发展功能。

与此同时，贯通东中西部产业分布的核心是建设全方位的立体交通体系，包括高铁、重载货运铁路、高速公路网、内河江海联运网、油气管网、智能电网和光纤、电子通讯等广义通道。

未来在中国城市化的核心“弓状地带”，通过产业布局，形成多个产业集聚带和城市群，带动周边中小城市和小城镇的发展，吸引周边的农村劳动力进城镇工作，同时实现其市民化的转变，由此稳步推进城镇化的健康发展。

（二）户籍制度改革：市民化与基本公共服务均等化

通过产业的空间重新布局为城镇化奠定了最基本的发展动力，然而中国城乡二元分割体制在制度上严重阻碍了城镇化的自然发展，其中首要的障碍是户籍制度。建国初期，中国的户籍制度的设置是为了集中力量进行工业化改造，然而随着改革开放和市场经济的不断发展，这种身份限制越来越成为城镇化发展的最大阻力之一。

1984 年第 3 个中央 1 号文件《关于一九八四年农村工作的通知》第一次允许农民自理口粮到集镇落户。《通知》的发布标志着国家政策首次放松了对农村居民的人身迁徙自由的限制。由此可见，户籍本身并不会阻碍农民流入城镇，那为什么户籍制度却成为了阻碍农民融入城市的障碍呢？关键在于户籍制度捆绑了城镇居民享受的基本公共服务。

什么是基本公共服务？中共十六届六中全会《关于构建社会主义和谐社会若干重大问题的决定》中，把教育、卫生、文化、就业再就业服务、社会保障、生态环境、公共基础设施、社会治安等列为基本公共服务，其中核心是与民生密切相关的公共基础设施、住房、医疗保险、养老保险和子女教育。当进城务工农民预期无法在城市长久居住，无法获得未来年老的保障，同时他们的子女又无法和城镇户籍子女获得平等的受教育机会时，他们便不愿意或者无能力将其家庭迁移进城市，于是便形成"城镇打工、农村消费"的生活模式，极大阻碍了城镇化的内需潜力的释放。

因此，要破除户籍制度对城镇化健康发展的阻碍，需要从两方面同时着手：建立城乡统一的户口登记制度和推进基本公共服务均等化。

1. 建立统一户口登记制度，放松中小城镇落户条件

要实现进城农民的市民化，首先需要在户籍上承认其是城镇居民。根据国家近年来关于户籍制度的政策文件，逐步建立城乡统一的户口登记制度是未来的必然方向，同时加快落实放宽中小城市、小城镇特别是县城和中心镇落户条件的政策。值得注意的是，这里放松户籍制度的城镇集中在中小城市和小城镇，那大城市、特大城市的户籍制度改革方向呢？《十二五计划纲要》指出，"大城市要加强和改进人口管理"。相关学者的研究也发现，越发达的城市，其落户条件越严格。

由此可见，在户籍制度改革上，特大城市和中小城市、小城镇的改革方向有所差异，原因是大城市的公共服务压力和城市环境压力已经相当大，人均公共资源相对更加稀缺，其本质是城市居民日益固化的利益结构对外来人口的排斥。但是，据范剑勇（2006）和陆铭等（2011）的研究发现，一方面，中国东部地区集聚水平和劳动生产率与中西部差距依然很大，另一方面，大城市本身的生产效率还存在进一步提高的空间。从经济效率上看，应继续发挥大城市的集聚优势。

那么，如何解决大城市的利益结构与生产效率之间的矛盾？重点是发展特大城市周边的中小城市和卫星镇，放松周边中小城市和城镇落户条件，同时通过城际交通轨道建设，将周边的中小城市和卫星镇与大城市的主城区相连接，从而进一步发挥大城市的集聚和带动作用。正如李铁指出，北京市有约 2100 万人口，其中一部分人生活在周边的市辖区和建制镇内。这些大城市周边的市辖区和建制镇还有较强的吸纳能力，同时有主城区的产业支撑，是未来高等级城市的户口登记制度的突破方向。当然，我们不能将户籍改革妖魔化和完美化，户籍改革只是取消制度障碍，外来人口要获得当地城市的公共资源，必须通过自身努力实现，像美国的投资移民、技术移民，亦需要证明自身的价值。

2. 推进公共服务均等化，解决资金来源及原住民利益冲突

实现进城农民的身份转换是第一步，更重要的是让新增的居民获得均等的城镇基本公共服务。“十二五”规划纲要明确指出，要推进基本公共服务均等化。我们认为，“均等化”包含三个层次：1）区域之间相对平衡。“十二五”规划纲要提出，逐步实现不同区域基本公共服务均等化，重点是提高相对落后地区的基本公共服务质量；2）城乡之间相对平衡，重点是提高农村地区的基本公共服务水平；3）城镇户籍居民与非户籍居民之间的相对平衡，重点是非户籍居民合理分享当地城镇的基本公共服务。

推进基本公共服务均等化面临的核心问题是地方政府的财政负担和户籍居民与非户籍居民的利益分割问题。不同地区、不同级别的地方政府的财政收入差别巨大，其负担的财政支出压力与其收入并不对应，完全取决于当地的经济实力和人口规模。另一方面，城镇新增外来人口分享公共服务有可能

导致原有居民的享受水平大幅下降，而且当地政府财力难以支撑。解决问题的关键在于中央政府转移支付的机制设计，目前转移支付主要依据当地户籍人口规模，而非常住人口规模。我们认为，转移支付应当依据当地的常住人口规模进行分配，这将在很大程度上缓解当地政府的财政支出压力，也有利于缓解原居民与新增居民之间的利益矛盾。这需要结合财税体制改革配套进行。当然，如何科学的衡量当地常住人口规模需要深入的研究。另外，对于基础设施建设资金，可以通过深化投融资体制改革，引入民间资金，创新地方政府融资方式等方法缓解资金压力，促进经济的良性循环"。2012 年底各省市陆续出台的异地高考方案体现了教育资源在本地与外地人口之间的平衡，但未来仍将需要配套的落实方案和资金。

（三）土地制度改革：土地收益分配转变与土地流转探索

阻碍城镇化健康发展的中国城乡二元分割体制除了户籍制度，还有影响深远的土地制度。

中国《宪法》第 10 条规定："城市的土地属于国家所有。农村和城市郊区的土地，除由法律规定属于国家所有的以外，属于集体所有。"两种所有权并存是中国土地制度的基本事实。这种制度设置在改革开放初期与家庭联产承包责任制、承包土地使用权长期不变的制度设计相结合，极大地激发了农民的务农积极性，提高了农业的生产效率，为中国经济腾飞奠定了农业基础。然而，随着工业化不断推进，这种制度设计与城镇部门用地需求之间的矛盾日益突出。特别是 80 年代中后期，对外开放政策下外资企业的用地需求不断增加，而当时的法律却不允许土地流转，因此迫使地方政府自下而上推动制度改革。1988 年通过的《宪法》修正案对第 10 条添加了一句话："土地的使用权可以依照法律的规定转让"，从此开启了地方政府垄断土地供应的时代，而关于土地利益的讨论逐渐登上历史的舞台。

中国过去十多年的城镇化更多的体现为"土地城镇化"过程。具体而言，地方政府对农村集体土地进行征收，在土地市场上保持独家垄断地位，并以"向农民征地→成本价供应工业用地→高价供应商住用地→土地抵押融资进行城市基础设施建设→新一轮向农民征地→……"的循环为表现形式来推动城镇化和 GDP 增长。在这个过程中，一方面，通过土地形成的财富积累逐渐转变为地方政府的财政收入和开发商收益，前者通过基础设施建设的投资，提高了城镇居民的公共服务水平，后者加大了社会收入分配差距；另一方面，被征地农民的利益没有得到有效的保护，同时进城务工的农民也未能完全享受到提高的公共服务水平。因此，土地城镇化加剧了城乡利益矛盾，导致中国城镇化过程中产生了极大的不稳定因素，是一种不可持续的城镇化模式。

“新型城镇化”的要义即是回归到“人口城镇化”过程，关注进城农民的利益，也是我们一直强调的“深度城市化”过程。因此，土地制度改革的基本出发点是保障农民合法的土地财产收益权" 未来的土地制度改革主要包括两方面，其一是征地制度的改革以及土地增值收益分配问题；其二是农村承包土地使用权合法流转的问题，这是实现农业现代化和规模化经营的基础。

关于第一方面的征地制度改革和土地增值收益分配问题，十八大报告已有所涉及，其中提出“改革征地制度，提高农民在土地增值收益中的分配比例”。今年 11 月国务院常务会议通过的《土地管理法修正案（草案）》主要内容也是提高征地补偿数额。目前的问题是如何在政府代表的公共利益与城郊农民的个人利益之间取得均衡的分配。土地增值收益不能完全流向政府，否则失地农民的利益受损；但也不能过多的流向城郊被征地农户，否则会加剧农民内部的收入差距，毕竟城郊被征地农民是全中国农民的较少数和相对较强势的群体。

目前关于土地增值收益分配存在三种观点：1）以周其仁教授为代表，主张通过市场交易和定价，土地增值收益归土地流转的农民；2）以华生教授为代表，主张土地增值收益更多的分配给进城务工的农民；3）以贺雪峰教授为代表，认为目前的土地出让收人归政府有其合理性，支撑了城镇基础设施建设发展，不应轻易推翻。我们认为，“深度城市化”一方面要切实保障农民的土地财产收益权，另一方面也要结合公共服务均等化，地方政府的土地出让收人一部分用于进城务工农民的社会公共福利提升，而在基础设施建设的资金渠道上要创新投融资方式，不能单纯依赖土地出让收人和土地抵押贷款。我们认为将看到对小产权房的逐步有条件确权和放行，以及对城乡结合部的更大力度的改造。

关于第二方面的农村土地使用权流转问题，目前踏出的第一步是土地确权工作。根据国土资源部2011年5月发布的《关于加快推进农村集体土地确权登记发证工作的通知》，2012年底将基本完成农村集体土地所有权确权登记发证工作" 农村集体土地所有证和农村集体土地使用证是征地补偿的重要依据，也是经营性集体建设用地使用权进行市场流转的必要前提。因此我们可以认为，土地确权是为未来的土地流转和农业规模化经营打下基础。但是，关于土地流转的具体改革方向仍存在较大争议，目前存在两种对立的观点。一种是主张成都“地票”交易模式，通过土地指标增减挂钩和建立统一的土地交易市场进行定价，使得远郊农民的土地也能获得增值收益，促进土地集中利用和农户集中居住；第二种是反对“地票”交易模式，认为在总需求给定的情况下，当局部的土地交易推广到全国时，供给过多导致土地增值收益下降，农民收益反而很少，同时“资本下乡”很可能导致失地农民的迅速增多，造成城镇的“贫民窟”现象。我们认为，农业现代化、规模化经营要求改变目前“人均一亩三分，户均不过十亩”的小农经营模式，因而必然要推动农地使用权流转，促进农地的集约化、规模化运作，这是大方向。但农村集体土地流转交易的改革将会是一个长期摸索的过程。

（四）财税体制改革：缓解基层政府基本公共服务支出压力

健康稳妥地推进城镇化离不开户籍和土地制度的改革，而城乡二元分割体制的改革又需要财税体制改革作为重要的保障。一方面，户籍制度改革和基本公共服务均等化要求地方政府提高基本公共服务的财政支出以满足新增居民的公共需求，包括廉租房建设、基础设施建设、养老金支付、义务教育支出、公共卫生和公共安全支出等；另一方面，土地制度改革和土地经营模式转变要求地方政府将土地增值收益与被征地农民和进城务工农民按比例分享，很大程度上削减了地方政府的可用资金。户籍和土地制度改革的共同推进必然增大地方政府的资金压力，因此需要通过财税体制改革促使地方政府的财政收入与财政支出相匹配。

1. 当前财税体制存在的主要问题

改革开放以来，特别是1994年分税制改革以来，财税体制改革取得了重要进展，但仍然存在着地方财力与事权不匹配、转移支付制度僵化和财政层级过多等重大问题。

（1）财政收入与财政支出结构失衡。自 1994 年分税制以来，中央本级财政收入占全部财政收入比重迅速提高，但中央财政支出占比并不高。在财政收入方面，1993 年，中央财政占比 2%，地方财政占比 78%。1994 年实行分税制改革，当年中央财政占比迅速提高到 5.7%，地方财政占比下降到 4.3%。此后 1995—2011 年的 17 年间，中央财政收入占比平均为 52.3%，地方财政占比平均为 48.7%。2007 年，中央财政占比最高达 54%。在财政支出方面，1993 年，中央财政支出占比 28.3%，地方财政支出占比 71.1%。1994 年分税制改革后，当年中央财政支出占比并没有随着收入占比的明显提高而提高，仅为 30.3%，而地方财政支出占比仍高达 69.7%。此后 17 年间，中央财政支出占国家财政总支出的比例平均为 26.4%，地方财政支出占国家财政总支出的比例平均为 73.6%。到 2011 年，中央财政支出所占的比重进一步降低到 15.1%，地方财政支出所占的比重仍高达 84.9%。地方的 49%的财政占比和 74%的财政支出差距达 25 个百分点。

（2）税收返还和转移支付分配不均等。地方政府高达 25 个百分点的财政支出缺口主要通过中央的税收返还和转移支付进行填补。1999 至 2011 年地方来自中央的税收返还和补助收入占中央地方总财政收入比例基本在 35%以上，其中 2009 年占比最高达 41.7 %。从税收返还和补助收入这个数据看，中央的税收返还和转移支付完全能够填补地方政府财政支出缺口。但问题在于，“税收返还”数额的确定建立在往年基数的基础上，不仅不能对区域间经济实力差异进行协调，反而进一步拉大地区间财力的差距，导致“贫者越贫，富者越富”的“马太效应”。

在转移支付方面，主要分为“一般性转移支付”和“专项转移支付”，其中占大头的是专项转移支付。对于“专项转移支付”，由于资金分配过程、分配标准缺乏透明度和规范，主观随意性很大，地方政府与中央的关系密切程度，以及地方政府的讨价还价能力等对中央专项转移支付资金的分配有很大影响。并且专项转移支付项目往往需要地方政府资金作配套，有资金配套能力的经济发达地区往往比缺乏资金配套能力的欠发达地区更容易获得更多的专项转移支付拨款。因此，“税收返还”和“专项转移支付”对于平衡区域间地方财力的作用很小，反而会进一步扩大地区间公共服务发展水平的差距。

（3）财政层级过多导致基层财政压力异常紧张。目前中国的财政层级主要是“五层级”，即中央－省－市－县－乡。在中国只对上级负债的行政体制下，层级越低的政府被分配的支出“任务”越多，而能够获取的下拨的财政资源却集中在较高层级的政府。因此自分税制后，可以观察到的现象是全国、省、市级财政收入迅猛增长的同时，县、乡层级的基层政府的财政困难日益凸显，县乡政府的财政资源不足以满足当地的公告支出需求，在欠发达地区表现的尤为突出。据统计，目前我国县乡两级财政收入占全国财政总收入的比重只占20％左右，却承担了近80％的义务教育支出和5％－60％左右的公共卫生支出。中国目前的“五层级”财政系统结合中国的官员对上负责的行政体制，导致财政资源过于分散在较高层级政府，而支出义务过多的积压到较低层级政府，严重影响了基层政府的基本公共服务可持续提供。

2. 财税体制的改革重点

未来5—10年中国财税体制改革的重点是建立“扁平化”的财政层级框架，合理划分中央、省、市县三级事权和支出责任、开征财产税、完善转移支付制度和完善财政预算制度。

（1）推进财政层级“扁平化”解决财政系统运行低效率的核心是创新财政体制管理方式。基本方向是探索三级基本架构（中央—省—市县）和依据“一级政权”一级事权、一级财权、一级税基、一级预算、一级产权、一级举债权。的原则，实现省以下财政层级的减少，即扁平化发展。具体措施包括“省直管县”和“乡财县管”。“省直管县”管理体制是指省、市、县行政管理关系由“省－市－县”三级管理转变为“省－市、省－县”二级管理；“乡财县管”是指对经济欠发达、财政收入规模小的乡镇，试行由县财政统一管理其财政收支的办法，对一般乡镇实行“乡财县管”方式。保持乡镇资金所有权和使用权、财务审批权不变的前提下，采取“预算共编、账户统设、集中收付、采购统办、票据统管”的管理模式。考虑到目前在所有部门推进三级管理的难度较大，应首先在财政层级上进行改革，减少财政层次，逐渐形成中央、省、市县的三级财政架构，有助于在省级以下真正实现财权事权相匹配的分级财税体制，降低财政资金运作效率和减轻基层政府的财政支出压力。2009年财政部明确提出，2012年底前力争全国除民族自治地区外，全面推进省直接管理县财政改革。目前"省直管县财政"的推进面临阻力，我们认为进一步的改革需要更大的决心和其他政府部门的配合。

(2) 合理划分各级政府事权。首先，对各级政府在基本公共服务领域交叉或重叠的事权进行明确细分。考虑到我国城镇化正加快推进，尤其要在义务教育、公共卫生、社会保障、基础设施建设等基本公共服务领域，尽快明确地方各级政府的支出责任和管理权限。第二，以法律或法规形式明确规范各级政府事权。短期内以国务院行政法规形式对各级政府的职责进行具体划分，长期则有必要制定专门的法律或对宪法的条款加以必要的规定，以明确界定各级政府的事权和职能分工。第三，地方各级政府事权与支出责任安排重心适当上移。适当减少县乡级政府的事权和支出责任，特别是在推进基本公共服务均等化的背景下，应将公共服务的支出重心适当向省和中央上移，让省级政府在提供公共服务中发挥更大的作用。

(3) 开征财产税。为了增加地方财力，解决城镇化的资金问题，我们预期未来会开征财产税，包括房产税和遗产税" 其中的重点是房产税的推广。2011 年 1 月上海和深圳分别实行征收房产税；2012 年 3 月《关于 2012 年深化经济体制改革重点工作的意见》中提出，要"适时扩大房产税试点范围"。我们认为，明年 2013 年房产税将在全国更大的范围内推广。随着经济的发展和市场机制的不断完善，作为财产税类主体税种的房地产税的收入将迅速增加。从长期看，房产税的推广有助于地方政府缓解城镇化过程中面临的财政支出压力。这也是海外通行的地方政府管理和运营城市的资金的主流来源。值得注意的是，随着明年"营改增"的推广，有人指出未来的地税系统或面临分拆，形成"大财政"体系。实际上，分税制以来也有个别省份和城市，沿袭了国地税不分家（如上海），或者财政地税不分（如天津、浙江）的局面。我们认为，不管地税国税分拆，还是财税系统整合，从财政来源的角度看，房产税的改革依然是未来的重点。

(4) 完善转移支付制度。首先需要建立公共服务标准体系，建立指标正确衡量地方政府的财政支出需求。结合上文提到的户籍制度改革和基本公共服务均等化，我们认为，将当地吸纳的流动人口（农民工）作为中央转移支付划拨的衡量标准之一，能够显著地推动地方政府保障进城务工农民的利益，也有助于缓解当地原居民和新增居民在享受公共服务之间的利益矛盾。第二，提高一般性转移支付规模和比例，以增强基层政府统筹安排财力、提供公共服务的能力。第三，规范专项转移支付的分配标准和配套办法，通过运用因素法、公式法等方法科学合理、公平、公开地分配资金，并加强使用监管和绩效评价；在配套办法上，充分考虑地方承受能力，属于中央的事权，不再要求地方配套；需要地方配套的，需依据不同地方的实际需求确定配套比例，避免一刀切。

(5) 完善财政预算制度。我们判断预算法修改趋势是公共财政法案，加强人大对全口径预算的监督，包括三公经费、预算内，预算外，土地财政和国有资本资产预算监督。这也是英国百年“光荣革命”的最重要成果，可供借鉴。一旦开始在阳光下运行，则地方政府在财政公开的前提下，完全可以进行加杠杆和举债操作，并受到市场机构和纪律的监督和制约（用脚投票机制会逐渐发挥优胜劣汰的作用）。

（五）城市管理升级：创建绿色智慧城市与创新城市

管理模式发展相对成熟的城市在未来的城镇化过程中将进入城市管理升级和精细化城市运作阶段，包括创建软硬件并重的绿色智慧城市和创新适应大城市圈发展的新型城市管理模式。

1. 重点一：信息化的智慧城市

“要缓解特大城市中心城区压力，强化中小城市产业功能，增强小城镇公共服务和居住功能，推进通信、供电、供排水等基础设施一体化建设和网络化发展”就必须要求城市建立高度智能的城市信息管理系统，以及与之紧密相连的居民信息管理系统、城市交通系统、水电网络系统、楼宇安防系统等一系列智能系统。

因此，从这个意义上来说，全面融合了新一代信息技术产业各关键领域的“智慧城市”将极有可能成为解决城市精细化管理问题的最关键切入点。前述观点在《上海市国民经济和社会发展第十二个五年规划纲要》中已有所体现，上海提出“十二五”期间，增加城市的创新活力、提升城市的服务功能（包括金融、航运、贸易、信息化和城市交通体系），以及智慧城市的建设（数字化、网络化和智能化）。智慧城市本质上是以信息基础设施建设为基础，逐步实现城市生活和产业等领域信息管理全面数字化的过程。例如信息基础设施中的电子支付模式推广，特别是手机支付，就是为TMT提供一个从消费电子变为投资电子的、提升估值和盈利的新空间。

2. 宜居宜业的绿色城市

（1）节能环保与环境治理。新型城镇化必然要求城市承载能力的提升，“美丽中国”战略更将环保的重要性推向空前的高度，污染治理、资源再生、生态修复、环保高效材料等将成为新一届政府未来大力推动的发展战略。李克强副总理近期在讲话中指出，要以节能减排作为结构调整和创新转型的重要突破口，加快发展循环经济、节能环保和绿色低碳产业。预计“十二五”时期中国生态环保投人将达到3.4万亿元。节能环保的战略意义在近两年密集出台的相关政策中充分体现。

（2）公共安全与公共卫生。新型城镇化下人口规模的快速扩张不可避免给城市公共安全和公共且生带来挑战。公共安全管理涉及水务、公安、消防、卫生、民防、地震等安全管理系统的硬件建设和危机管理服务的软件建设。例如，“校车安全事故”引发的公众对公共服务中的质量和安全监管的关注。

公共安全管理中，食品安全正成为社会的焦点和政策重点关注的领域。近年来，层出不穷的食品安全问题，一方面严重打击了民众对国内食品安全的信心，引起了对食品生产商诚信的质疑；另一方面，也凸显了食品生产、流通等各个环节监管的缺失。我们认为化解食品安全风险的关键，在于对食品安全链条上各环节的重造和严控，任何一环出现短板，都将造成安全链的解体。

3. 大城市圈的新型城市管理模式

以大城市为核心，发展超级城市群带动周边中小城市和小城镇发展是新型城镇化的发展方向" 这要求城市管理模式必须有所创新，以适应未来城市群的协调合作发展。我们认为，创新城市管理模式包括三个主要方面：大城市圈管理协调委员会、行政区划调整和城市圈交通一体化。

（1）大城市圈管理协调委员会。大城市圈内各城市的协调合作需要一个相对独立的组织进行统筹管理，大城市圈管理协调委员会是一种可行的城市管理创新模式。长三角城市经济协调会市长联席会议是大城市圈合作管理模式的代表之一。2011年该会议探索建立交通拥堵治理合作机制，打造“城市生活幸福圈”。2012年“陆海联动，共赢发展”成为长三角城市群合作的新主题，推进重点是长三角城市的海陆产业联动发展、基础设施联动建设、资源要素联动配置和生态环境联动保护，把海洋资源优势与陆域产业优势有机结合，推动长三角城市在更高水平上合作发展。在2012年长三角城市协调会已成为国内第一个独立办公的区域合作组织，以强化其在市长联席会议闭会期间的协调功能和执行功能。

（2）行政区划调整。中国的行政区划是与等级化城市管理体制相联系的。改革开放以来，快速转型的经济体制与相对缓慢的行政管理体制转变之间的矛盾日益突出，导致区域间非规范竞争和城镇化进程滞后。1980年代中期后，我国在行政区划管理制度上普遍实行了“市带县”体制。随着经济快速发展，资源在不同等级的“城市”之间的分配差异很大，中心城市无力组织周边的县市（镇）同步发展，诸侯割据各自发展，诸如恶性竞争、重复建设、市县同城等问题日益突出。

为了强化中心城市的竞争力，促进区域的同步发展，行政区划调整也就成为了重要的手段。最近几年，上海、北京、重庆、长沙、芜湖、扬州、沈阳等城市都进行了不同程度的区划调整。例如，上海2009年撤销南汇区，并入浦东新区；2011年黄浦区、卢湾区合并为新黄浦区。北京2010年撤销东城区、崇文区，设立新的北京市东城区，撤销西城区、宣武区，设立新的北京市西城区。重庆2011年，撤销万盛区和綦江县，设立綦江区；撤销双桥区和大足县，设立大足区。通过区划合并、撤县（市）设区等调整，减少了管理层级和行政制度障碍，直接扩大了中心城市用地与功能重组的空间，提高中心城市的竞争力和实现更大区域范围内的协调发展。

（3）城市圈交通一体化。提高城市圈核心城市对周边中小城市、小城镇的带动作用的硬件基础是实现城市圈的交通一体化，缩短时间和费用层面的沟通距离。例如长三角城市群的公共设施联通与共享，轨道交通修往江苏和浙江，公交实现一体化等。这将为未来进一步的城市群全方位融合打下坚实基础。

（六）农业现代化：经营体制转型

中国城镇化健康发展的重要前提是确保粮食安全，这关系到发展现代农业的问题。

随着新型城镇化的稳妥推进，三农问题中的农民和农村问题会逐渐解决，唯一重要的就是农业问题——农户逐渐转变为市民家庭，务农人口下降和土地流转将为发展现代化农业提供机会和空间。

什么是农业现代化？目前还没有明确的官方定义，但十八大报告提出，“发展多种形式规模经营，构建集约化、专业化、组织化、社会化相结合的新型农业经营体系”。由此我们认为，农业现代化是指农业经营模式实现要素投入的集约化、生产方式的专业化、生产管理的组织化和社会化。农业生产组织由一家一户单干向互助合作模式转型，发展集约化、专业化、社会化相结合并最终指向市场化和多种形式的农业规模经营，将成为未来的主攻方向。

2013 年中央一号文件《关于加快发展现代农业，进一步增强农村发展活力的若干意见》，其基本精神在于坚持农户作为农业生产经营主体的基础上，创新发展专业大户、家庭农场、专业合作社、农业产业化等生产经营形式。

统一经营形式包括农村集体经济组织、专业合作社、农业产业化龙头企业等。短期来看，由于中国目前的农业生产组织形式属于典型的小农经济，很难一步跨越到美国那样的公司化超大的农业生产规模。另一方面，从城镇化、农业现代化协调发展的角度看，目前中国的第三产业发展尚不支撑大量农民离开土地，分散的土地格局短期内无法改变。所以未来相当长一段时间，农户仍然是农业生产的经营主体，创新发展专业大户、家庭农场、专业合作社、农业产业化等生产经营形式将是未来一段时间“统一经营”的主导。

此外，预期政府将大力增加农业的科技投入，促进农业生产集成化、劳动过程机械化和生产经营信息化，完善农田水利建设，促进农业产业化、建设高产农田，从而提高土地产出率、资源利用率和劳动生产率，确保粮食供应。

从资本市场来看，比较确定的受益领域在于：农业资源型企业，农业机械农资产业链、为农业提供产前、产中、产后服务的企业等。前两类企业分别直接受益于规模化经营带来的生产效率提升和基础设施投入增长，而第三类企业容易被忽略，也是短期政策明确的导向，未来机会可能更大。近期农业部部长在讲话中就强调种养环节应该留给农民，而为农业生产提供技术、加工、流通等环节，为农民提供社会化服务的企业将在未来得到扶持和鼓励。农户“统一经营”后对产品、服务、营销能力的要求都和分散状态下有很大的差异，而相应的农业服务企业的资源整合优势凸显，有助于进一步推动相关领域集中度提升，技术领先、服务意识强的企业将在未来获得高速成长。

三、 攻坚克难：新型城镇化的潜在风险

在明确新型城镇化的中国内涵以及未来城镇化的总体发展思路的同时，必须认识到，中国特色的新型城镇化道路将面临众多的挑战与障碍，其中核心是贫民窟的隐优、老龄化的挑战和城镇化的资金来源问题。

（一）贫民窟隐忧：拉力不足和推力的不确定性增大

贫民窟一般认为是城市低收入人群集中居住的、住房条件和公共卫生环境恶劣、犯罪传染病多发的地区。贫民窟往往伴随着过度城市化而产生，城市的就业和住房难以容纳农村快速转移出来的居民，其中以拉美等发展中国家表现尤为突出。

以巴西为例。巴西在1960－1990年的前30年即是人们一般印象中的贫民窟大量产生的过程，社会贫富差距达到极点。巴西的城市化率从1960年的46.1％。上升至1989年的73.1％，年均增长接近1个百分点，与大部分快速城市化的国家相似，而同年巴西的基尼系数达到顶峰0.63。在这前期接近30年的城市化过程中，巴西的人均GDP从1960年的208美元上升至1989年的2893美元。产业结构上，1989年以前服务业占比基本稳定在40％上下，工业占比随着农村劳动力的快速转出而有所上升，从30％上升至40％。

1989年可以说是巴西的一个转折点，尽管随后有波折，但总体上基尼系数从这一年开始产生下降趋势，对应的服务业与工业占比开始分离，经济结构转变为57％的服务业和23％的工业，而人均GDP自2002年以来从2812美元快速上升至201年的12593美元，年均名义增长率达18％。后20年的巴西的发展似乎未被世人所重视。

巴西贫富差距的转变是一个非常值得思考的案例。巴西的后城市化阶段，

产业结构转变、基尼系数的下降和经济的快速发展之间的联系值得深思。土地制度是巴西前30年快速城市化和贫民窟相伴生的重要原因。巴西的土地是私有制，土地集中在大地主和大农户手里，大部分农民不拥有自己的土地，收入极低。这种土地极端不平均的状况将大量的农村居民推向城市，而城市的产业发展和就业机会尚无法容纳如此大量的转移人口，于是贫民窟现象不可避免的出现。但是在后20年的发展中，巴西开始关注低收入人群，致力于缩小贫富差距，通过服务业创造大量的就业机会，同时政府以各种帮扶计划援助低收入人群，经济逐渐走上可持续发展的轨道上。

从巴西的例子可以看出，城市化包括两种力量：推力和拉力。推力是农村的生活条件和收入水平推动农民的非农就业，中国90年代农业税负高昂、大量农田抛荒推动大规模农民进城是推力的一种表现；拉力是城市的工业服务业发展，创造大量就业机会，吸引农村居民进城务工，这即是一般认为的工业化带动城市化的过程。当推力远远大于拉力时，容易产生“贫民窟”现象；当推力远远小于拉力时，容易产生“民工荒”现象。一般发达国家的工业化与城市化同步发展即是推力与拉力基本均衡的结果。在中国，除了市场决定的推力与拉力之外，还存在人为施加的制度障碍—户籍和土地城乡二元结构。

参照巴西的城市化与贫民窟，未来中国的城镇化面临的风险包括两个：一是拉力不足，就业与住房容纳能力欠缺；二是推力受地方政府征地、新生代农民工偏好和农民增收影响，不确定性增大。

从拉力看，目前中国的特大城市拉力有余，而战略主体的中小城镇拉力不足。中小城镇的发展缺乏有效的产业支撑。中小城镇的国有企业效益较低，吸纳劳动力有限，而民营企业活力受压制，吸纳能力减弱，出口贸易制造企业的竞争力也弱于沿海地区。这些因素共同促使中小城镇的农民非就近转移，而选择长途奔波地跨省、跨区域流动。随着工业化进入中后期，劳动力成本上升，外需持续低迷，产业升级又受到劳动力素质的制约，未来的城镇化的拉力增长空间受限。在住房条件上，大城市持续上涨的房价严重排斥了低收入群体，目前大部分的农民工居住在城中村、城郊村和厂商集体宿舍，难以实现长期生活和市民化转变。

从推力看，影响因素包括三种。其一，新生代农民工偏向城市，因而推力增大；其二，新农村建设和农业补贴、农民收入快速上升，促使推力减小；其三，地方政府依然有极大的动力进行大规模的征地和推动农民“上楼”集中居住以腾出土地，此过程必然将农民推向城市，因而推力又增大。当新生代农民的意愿和地方政府的意愿产生的推力远远大于农村居民收入上升的吸引力时，便面临推力大于拉力，继而产生贫民窟的风险。

因此，中国如果实现相对平均的土地分配，配合“三纵两横”产业重新布局，以及合理的户籍制度、土地制度和财税体制改革，完全有能力避免贫民窟的风险。

第一，土地分配不均是众多发展中国家产生贫民窟的重要原因，在这方面中国的土地分配相对平均，对于稳定农业发展和农民生活起到巨大的作用。

第二，在拉力的就业方面，通过“三纵两横”产业重新布局和产能重新分布，发展中西部产业群以带动周边的中小城市和小城镇，形成对应的产业支撑，能够很大程度上增强中小城镇的拉力。同时通过户籍制度的户籍市民化和基本公共服务均等化，增强非农就业的吸引力，持续稳妥推进城镇化发展。

第三，在拉力的居住方面，通过廉租房建设、城乡结合部改造、棚户区危旧房改造，增加低收入群体的房屋供给，以满足进城农民的市民化需求。由此就业和居住问题都能有相应的解决方案，极大降低贫民窟和收入差距恶化的风险。

第四，在推力方面，通过土地制度改革，合理分配土地增值收益和探索土地流转模式，保障失地农民的利益，使其不至于变得一无所有而被推向贫民窟集中区。征地制度的改革也将规范地方政府的征地行为，抑制其征地冲动。最后，再配合财税体制改革，缓解基层政府的财政支出压力，从根本上改变其行为逻辑，更多的偏向为辖区常住人口服务，缩小收入分配差距。

（二）老龄化挑战：劳动力供给不足和养老金支付压力增大

人口老龄化是指老年人口比例上升的过程，表现为人口年龄中位数的升高。老龄化是人口统计学两种潜在趋势的必然结果：即日益下降的总和生育率和日益延长的出生时平均预期寿命。

1. 中国的总和生育率自计划生育以来持续下降。总和生育率（Totd fertility rate）是按照当前的年龄组生育率估测的一名妇女一生中生育的子女数量。从1950年以来世界主要国家的总和生育率的变动趋势中可以看出，随着经济增长，各国的总和生育率都是趋于下降的，但各国的下降速度差异很大。60年中，全世界从4.95下降到2.52。美国、德国等早期工业国家在60年间大概下降了1个单位。下降最快的是韩国，从50年代中后期的6.3下降到2010年的1.29。印度巴西等快速发展国家也在50年间下降4个单位以上。中国与大部分国家不一样的是，80年代前后实行计划生育政策，因此在1970—1950短短10年间，总和生育率从5.94下降到2.93，一直到最近的1.64（6普显示，目前可能低至1.18!）。中国的妇女生育率水平总体上低于其他的发展中国家，触及发达国家的低水平。

2. 中国的人口预期寿命持续上升。人口预期寿命（Life expectancy at birth）是按照当前的年龄组的死亡率估测的一个人预期的存活年数。随着经济增长，世界各主要国家的人口预期寿命都显著上升。60年中，世界人口预期寿命从47.6年上升到67.8年。除了起点不一样外，各国的增长速度相似，每五年平均上升1—2年的预期寿命。中国在70年代前处于较低的45年左右，而后快速上升至60年，在2005—2010年间达到72.7年。中国目前的人口预期寿命高于世界水平，也高于一般的发展中国家（如巴西、印度等）。

中国一方面妇女总和生育率下降到1.18，一方面人口预期寿命上升到72年，在发展趋势保持不变的条件下，很自然地，整体人口的年龄结构将趋于老龄化。

3. 老龄化引发的最为严重的问题是老年人口数量相对于青壮年人口快速上升。以65岁以上人口数除以20至64岁的人口数来计算老年抚养比（old—age dependency ratio），世界平均水平从1950年每百人抚养10个老年人上升到2010年的13.4. 近十年上升最快的是日本和韩国，绝对值水平较高的是美国和德国。中国总体水平较低，1950年为每百人抚养87个老人，2010年上升为每百人抚养12.7人。从这个数据看，中国的情况并不是最严重的。但是考虑到人口基数的问题，中国实际上升的老年人数量是巨大的。以同是人口大国的印度作为比较，印度从1950年的6.4上升到2010年的9，增加2.6，同期中国增加了4。因此，对于13.47亿人口规模的中国而言，老年抚养比上升的速度是不容忽视的。

老龄化主要通过影响经济增长和加大养老金支付压力影响城镇化进程。城镇化发展的基本推动力是农村劳动人口的非农就业。然而在生育率持续下降和老龄人口比例持续上升的情况下，劳动年龄人口占比必然下降，这将给未来的城镇化发展带来两方面的挑战：劳动力供给不足和养老金支付压力增大。首先，劳动力供给下降一定程度上抑制经济的持续增长，当拉动城镇化的基本动力源熄火，城镇化发展也将面临停滞。第二，新型城镇化要求基本公共服务均等化，因而进城务工的农民也将逐步享受养老保险的基本保障，这对于目前“现收现付”的养老金支付系统而言无疑是巨大的困难。尤其在老龄化环境下，不仅城镇居民老龄人口的增加要求更多的养老金支付，而且农村居民也存在老龄化现象。随着农民工将家庭一同迁至城镇，其老年家属的养老问题将加重养老金系统的负担。过去农村老年人口依靠土地、依靠亲属养老，未来城镇化需要解决失地农民的大量老年人口的养老问题。

老龄化的挑战固然存在，但风险仍然是可控的，我们尤其做出推断：十二五期间有望逐渐放宽二胎政策和适当延长退休年龄（例如每5年延长一年），使得人口红利部分恢复，这也是国家资产负债表可持续性的要求。

第一，关于劳动力供给问题。老龄化阻碍经济增长的前提是当前的经济增长方式不变，即依靠劳动密集型制造业和偏向投资与出口的经济增长模式。新型城镇化的重大意义是推动经济增长方式转变，即通过“深度城市化”释放农村居民的消费潜力，促进城镇第三产业的发展，使偏向投资和出口的经济增长转为依赖于内需的增长方式。当经济增长方式转变，经济不再严重依赖于数量巨大的青年廉价劳动力时，老龄化的风险将大大的降低。在这个意义上，新型城镇化反而有助于缓解老龄化的压力。另一方面，虽然非农劳动力数量上难以再有大规模增加，但是从劳动时间上仍存在很大提高空间。目前农民工的非农就业时间平均4个月，通过新型城镇化促进农民长期生活在城镇，将极大提高其劳动供给时间" 同时，我们判断十二五期间二胎政策将有所放宽，人口红利部分恢复。

第二，关于养老金支付问题。“现收现付制”的养老保险系统在老龄化国家中必然是不可持续的，未来的方向是转变为“基金制”即完全积累形式的养老保险账户。对于短期内的养老金缺口，一方面通过养老金“双轨制”改革降低部分高昂的支付成本，另一方面在城镇化快速发展的过程中吸纳新增居民进入养老金系统，探索养老保险跨区域携带方案，提高养老保险在流动人口中的覆盖面。还有一点是适当延迟退休年龄。当然，其中必然受到各方利益的阻力，只能在协调摸索中取得进展" 更为关键的是实现养老金的长期稳定收益，目前国家正积极探索拓展养老金投资渠道的方案。对于新增的进城农民，其养老保障可以结合土地制度改革，将一部分土地增值收益转化为失地农民的养老保障，以此减轻养老金的短期压力。我们判断十二五期间国家将探索退休制度的改革方案，适当延迟退休年龄，从长期看这也是保持国家资产负债表可持续性的要求之一。

（三）资金来源问题：地方政府融资渠道单一和民资参与不足

新型城镇化道路的资金需求是巨大的。一方面，地方政府要提高基本公共服务的财政支出以满足新增居民的公共需求，包括基础设施建设、廉租房建设、养老金支付、义务教育支出、公共卫生和公共安全支出等；另一方面，土地制度改革和土地经营模式转变要求地方政府将土地增值收益与被征地农民和进城务工农民按比例分享，很大程度上削减了地方政府的可用资金。户籍和土地制度改革的共同推进必然增大地方政府的资金压力。一方面，可以通过财税体制改革，正如上文第二部分发展思路中描述的，完善转移支付制度，培育地方主体税种，包括房产税的推广等，平衡地方政府资金来源。然而，就目前地方政府的财力来看，资金仍存在较大的缺口，而且上一轮刺激政策的后遗症尚未消退。资金不足和地方债务积累仍是未来城镇化的重要风险。我们认为，地方政府融资渠道单一和民资参与不足是目前地方政府的城镇化支出财力紧张的两个重要原因，而解决途径也主要从这两方面入手。

1. 拓展地方政府融资渠道

城投债、资产证券化、基建信托等方式或成为银行贷款之后地方政府融资的主要方向，相对于其他国家，中国仍然具有一定加杠杆的空间，当然前提是在公共财政法案约束框架内。适当提高地方政府杠杆率仍是可选项。自2006年以来，直接融资成为社会融资的结构性变化亮点，企业债券融资和信托委托贷款总额都有显著的上升。地方政府可以通过拓展融资渠道为基础设施建设项目融资，摆脱对土地出让收人和土地抵押贷款的依赖。例如，长沙计划通过发行城投债和基础建设信托等方式为投资项目融资。而基建信托也正成为重要渠道之一。根据2002年以来的信托融资统计，明显可以看出近年来信托融资规模大幅增加。当然，发债、信托等的可持续性需要考虑，不过在地方政府的资产负债表中，我们认为地方政府仍持有不少具有稳定现金流的优质资产，如供水、电力、高速公路、保障房，未来都有望成为资产证券化的标的。

2. 引进民资参与，走向市场化投融资

培育政府投资的接棒者，激发民间投资将在未来稳定经济增长中扮演重要角色，需要政府深化投融资体制改革。正如李克强副总理在12月19日的经济社会发展和改革调研工作座谈会上指出，要把制约民间投资的“弹簧门”卸掉、“玻璃门”打碎，对规划内投资项目也要减少审批、简化程序，降低交易成本。例如，2012年广东省已率先公布了4个面向民间资本公开招投标的重大项目，这批项目总投资2353亿元，其中7个为铁路项目，共计1025.9亿元，5个为城际铁路项目" 这些项目实行竞争性配置，通过公开招标等方式面向市场，鼓励民间资本采取独资、控股、参股或者以BT、BOT、PPP等市场化模式参与投资建设运营。12月份的温州市域铁路S1线15亿元的社会融资计划被认为是向民间融资的“破冰之旅”，尽管其本质上类似于政府债券，但仍是引进民资的一次有益的尝试。总体而言，资金并非没有，关键在于如何通过投融资体制改革，打破阻碍资金自由流通的障碍" 我们认为，新型城镇化的投资项目将更多的触及民生，真正改善百姓的生活，因此具有重要投资价值，能够吸引资金，重点是如何通过市场化改革让资金流动起来。

四、 结语

千万不要低估深度城市化或者新型城镇化将给中国带来的深远影响和根本变化。未来的深度城市化将是一个农民工市民化、农民市民化和市民公民化的过程。它不仅仅要清偿历史所亏欠他们的债务，还原经济发展的人本导向。它还将生成一个更具有效率，因此也更具有可持续性的资源利用格局和增长模式，在给予现代化生活方式条件下，提供更多人的平等的发展机会，逐步消除贫困和两极分化，并培养出一个日益壮大的中产阶层。如此巨大的人口先后来到城市，提供的不仅仅是劳动力，也是智慧、创造力和公民能力。他们需要的也不仅仅是面包、住房和家电，他们更需要的是平等的机会、更丰富的社会生活和全面的公民参与。而一个中产阶层就意味着一切。他们相对稳定、开放、理性和包容。而这就意味着民智开发、思想解放，追求幸福和民主共识，他们将更为积极的参与到社会、社区、城市和国家的建设过程中去。这将全面重塑中国的增长、经济、社会、生活、文化和政治。

【参考文献】

1. 世界银行报告，“World Urbanization Prospects：The 2011 Revision”

2. 世界银行报告，“China 2030”

3. 王德文，2005：“城市化和城乡一体化相关理论与国际经验”，社科论坛第4期

4. 周其仁，2012：“城乡中国”，http：//zhouqiren. org/archives/category/chengxiang

中国经济发展趋势与城市经济转型升级

裴长洪[①]

一、 中国经济发展趋势

(一) 经济增长

自从改革开放以来，中国经济一直保持平稳增长，未来中国还将保持平稳较快增长的趋势。“十二五”规划提出五年我国经济平均增长率为7%；2011年政府工作报告提出2011年经济增长率目标是8%。从2011年实际情况看，2011年中国经济增长率达到9.2%，其拉动增长的因素仍然很强劲，全社会固定资产投资增长达到23.8%，扣除物价因素，增长率达到16.1%，社会消费品零售总额增长幅度达到17.1%，扣除物价因素，增长率达到11.6%。

2012年增长也将保持较快速度。2012年是“十二五”规划第二年，许多项目将进入实际投资阶段，加上保障房建设力度不减，投资增长仍将处于高位。即使采取不宽松的货币政策和严格的节能减排政策，严格治理各种不规范的信贷和资金流出，中国经济都将保持8.5%以上的增长速度，如果考虑到政府换届因素，增长速度可能接近9%。总起来看，“十二五”中国经济增长率肯定高于7%，实际可能达到9%左右。

(二) 结构变化

未来中国经济结构战略性调整将取得明显成效。首先，需求结构将发生

① 裴长洪，中国社会科学院经济研究所所长，研究员，博士，博士研究生导师。

变化。消费率将从2010年的接近47%提高到2015年的50%以上，社会消费品零售总额将以年均15%（名义）以上的速度增长，2015年的总额比2010年增长1倍以上。2015年商品进口规模将达到3.2万亿美元，中国将成为规模位居世界前列的大市场。其次，产业结构将得到优化。按照“十二五”规划要求，到2015年第三产业的比重要提高4个百分点，从2010年的43%提高到47%。现代服务业、生产性服务业将成为第三产业中的主导产业。在第二产业中，高耗能、高排放的行业将得到控制、改造、提高；高附加值行业和高新技术行业将得到更快发展，从而使工业结构更有利于节能减排和生态环境的治理。现代化农业基础得到进一步强化，基本食品自给制度得到巩固。

再次，城乡结构优化。城镇化继续推进，2011年中国城镇化率突破50%，未来4年，中国城镇化率将以年均8%以上速度继续增进。目前，中国农村进城务工人员已到1.6亿，工资性收入已占农村人均现金收入的40%以上，随着城镇化的继续推进，农村居民收入增长速度快于城镇居民收入增长速度的现象将持续下去，收入差距有望缩小。

第四，区域结构优化。随着土地、劳动力要素价格的上升，逐渐改变了中国不同地区的要素禀赋优势，出现了产业梯度转移的趋势，使中部和西部地区的投资增长速度加快。2011年前三季度东部投资增速22.3%，中部29.9%，西部增长29.5%，从而使中西部经济增长速度快于东部，区域经济结构有望改善。

（三）新的优势形成

当前在东南沿海发达地区，一些原有的要素禀赋优势进一步弱化：土地资源更加紧缺、价格更加昂贵；劳动力成本进一步上升。据波士顿咨询公司预计，中国工资将以年均17%的速度增长，加之人民币持续升值，再考虑美国工人相对较高的劳动生产率，到2015年，中国制造业的净劳动力成本将与美国的水平相当。但中国将在扩大开放中不断参与国际竞争，中国新的竞争优势也在形成。

1. 中国的市场优势凸显。中国国内市场的规模和范围是让那些美国企业选择“坚守中国”的重要原因。据中国美国商会发布的《美国企业在中国》白皮书显示，接受调查的350家企业中，有61%的企业是在中国生产、采购，并供应中国市场，仅供应美国市场的企业占10%，供应中国和美国以外市场的占8%。

2. 产业配套的新优势。工厂之所以留在中国，非常重要的理由是：迁移生产基地既费钱又费时，而且新的市场，尤其是中国以外的市场，有它们自身的未知风险。中国美国商会会长孟克文认为，部分依赖低劳动力成本的企业会转移出去，但其他领域很难，如笔记本电脑生产商，这个行业劳动力成本所占比重很少，且非常依赖中国的供应链，实际上，基础设施不够完善，且国家规模较小，正是东南亚一些国家难以吸引某个行业产业链整体搬迁的原因。

3. 中国工人素质成为新优势。美国商会的调查表明，同制造业的其他变量相比，中国工人的素质评级良好。根据调查反馈，虽然中国在知识产权保护、政府效率、物流基础设施、法律遵循方面得分很低，但工人素质一项得分很高。就是同美国相比，中国制造业的人工成本的优势同样明显。沈明高特别指出，以2008年为例，中国制造业劳动力成本仅为美国的8%，即便每年以15%的速度增长，达到美国的水平也需要较长时间。

4. 中西部正在延续东部的比较优势。相对东部沿海发达地区，土地和劳动要素禀赋优势的弱化趋势明显缓慢，造成东部向中西部地区的产业转移，形成新的生产加工能力，同时弥补了东部传统产业弱化所带来的产业缺口和出口增长的缺口，形成了原有比较优势的空间动态延续。

5. 人民币正在成为新优势。目前人民币是世界上最坚挺的货币之一。随着人民币结算业务的扩大，境外人民币债券市场也将进一步发展，除了人民币债券已在香港特别行政区发行外，将会有新的人民币债券市场出现以及更多的人民币资产持有人，甚至以人民币作为官方外汇储备。人民币将成为新的交易工具出现在国际金融舞台和世界货币市场上。

6. 金融体系稳定和外汇储备的优势。在国际金融危机冲击中，西方发达国家许多大型商业银行和投资银行纷纷陷入困境，而我国金融体系稳定，流动性充裕，经营稳健，不良资产处于极低水平；加上庞大的外汇储备规模，使我国开放型经济具有极强的抵御风险的能力，不仅保障金融市场的有序运行，而且保障实体经济的健康发展。

7. 企业走出去新优势。我国不仅具备了海外投资的外汇资金实力，而且也具备企业海外发展优势。改革开放30多年来，我国基础设施和公共设施建设持续高速增长，高速公路、铁路、桥梁、机场、港口码头、电站、学校、医院和市政工程等建设项目，其数量之多、规模之大、水平之高，举世罕见，我国工程建设企业的竞争力就是在这样的市场环境下成长起来的，已经成为国际竞争的条件和优势。此外，我国部分制造业和资源开发行业也具备了海外投资的优势因素。

8. 我国制造业竞争力的新优势。由于发达国家需求恢复缓慢，体现我国与发达国家经济互补性的出口产品，特别是中低端劳动密集型产品的增长的弹性将较小，而体现我国与新兴市场国家，特别是一部分发展中国家经济互补性的机电产品、高新技术产品、资本技术密集型产品的增长弹性将较大。这种新的需求将带动我国进一步发展先进制造业，带动传统产业的改造和提升。交通运输设备制造业、电子通讯设备制造业和其他高端装备制造业将可能培育成为我国具有国际竞争力的产业。

（四）转型升级

转型升级将成为企业与地区经济的普遍特征。首先，企业将通过自身核心竞争力的塑造实现自己的转型升级。这种核心竞争力可以是技术创新，也可以是产品的更新换代，也可以是产品的质量提升，从而实现企业生产的升级目标。企业的核心竞争力还可以是品牌、研发能力、物流以及供应链中的某一环节，甚至是供应链的管理，企业可以使自己转型为服务型制造企业。其次，地区经济的转型升级。沿海发达地区向服务经济转型成为普遍趋势；中西部将沿着工业化、城镇化的轨道继续发展，从而使第二产业得到提升，在此基础上使第三产业得到发展；城市转型升级不断加快。

二、 城市转型升级

中心城市和城区将沿着升级版的城市化道路继续发展。部分大城市，向深度城市化发展，服务业发展高度依存城市发展。

（一）中心城区转型的内在动力

与商业地产紧密联系的各种服务业态产生了比原有制造业利润高得多的

土地级差收益，成为中心城区转型的内在动力。住房也成为居民财产保值增值的最可靠资产，从而创造了更高的土地级差收益。土地资本化和土地级差收益逼迫制造业不断从城市中心区向外转移，并不断吸引服务业填充制造业转移遗留下的空间，成为城市经济结构转型的最主要经济动力。

经济活动要求最集约地使用土地空间。都市中心区的土地价格依据土地级差地租规律形成，非常高昂，因此只有劳动生产率和投资回报率高的服务业才能立足，而且只有最集约地使用土地空间才能降低成本。现代中央商务区（CBD），它们基本上已成为人类空间最集约的经济增长地域。

在我国城市经济的发展中，有所谓“楼宇经济”、“总部经济”的提法，就是反映了都市经济要求集约利用土地空间的特征。这是我国城市经济发展的创新。

“经济容积率”规律发挥作用。都市中心区最集约使用土地空间的经济含义并不是建筑学中的“容积率”的概念，建筑学“容积率”的概念是指盖房子的密度，而这里讲的最集约使用土地空间是一种“经济容积率”，它要求在所能承载建房密度的空间中得到最高的经济产出。这导致非生产人口居住的下降趋势。在现代化大都市中心区，特别是中央商务区，单纯的住宅面积是受到限制的，这就导致了该区域非生产人口的下降。我国城市经济在实践发展中已经提出了税收“亿元楼”的概念，就是反映了提高土地单位产出率的要求，但是从总体上提高这个指标，只靠一个“亿元楼”是不够的，需要更多的“亿元楼”，这就要求提高“经济容积率”。深圳提出高产低耗的经济质量标准。地均生产总值、地均税收、万元地区生产总值建设用地等指标，与上述经济容积率的概念是吻合的。

城市的更新与改造必然成为经济的推动力。城市需要更新改造，就象工业固定资产和技术装备、工艺需要更新改造一样，这将成为城市经济增长的一大动力，同时也是新创造价值的来源。深圳福田区在2011年前三季度中，一般预算内财政收入贡献最大的是城市维护建设税，其贡献率达到45.3%，这个数字说明了城市经济未来的增长来源。

经济虚拟化的趋势。中央商务区和“楼宇经济”，实际是要求以货币资本和科技知识来替代土地资源的经济，没有足够的货币资本和科技知识是难以实现最集约使用土地空间的目的。由于城市经济以服务经济为主，服务产品是主要的产出内容，服务产品往往没有物理形态，没有实体外观，它的使用价值难以用数量单位来衡量，因此，服务产出的衡量单位只有价值量，这就使都市经济成为货币经济和虚拟经济的生产中心，货币经济和虚拟经济也成为都市经济的基本形态。

消费的转型与升级。随着都市中心区非生产人口居住率的下降，这里的消费形态也随之转型，与居民生活消费相关的区内消费类型逐渐退居次要，或者转型为商务消费、会议消费等生产消费形态。与“楼宇经济”功能相关的生产消费以及区外消费的类型和内容不断增加，包括对中间投入品的消费，对各种相关服务产品的消费以及对知识、信息的消费将成为都市中心区的主要消费形态。城市中心商业街区以及商业中心的扩大，使各类商业企业不断聚集，促进了城市中心区作为商业消费中心的形成，展示了该中心区未来的经济发展方向。2011 年前三季度，福田社会消费品零售总额超过 810 亿，同比增长 17.1%。

服务产业化扩及传统的“非经济领域”。现代城市的就业人群必然是以服务业从业人员为主体，服务业的白领和蓝领职业群体基本替代了传统意义的产业工人阶级，成为城市经济活动的主要劳动者，而服务业人力资本构成的提高，使服务业的普通劳动与管理劳动的界限日益模糊。当现代服务业成为先进生产力发展的重要领域，服务劳动者成为社会的主要劳动者的时候，服务产业化必然扩大到教育、医疗、健康救助、文化传播等传统意义上的“上层建筑”领域，使这些行业中的某一部分产业化，并可以计算入国民经济核算体系。现代城市由于人口的集聚，产生了大量公共管理活动，多数是以政府管理的面目出现。公共服务是现代服务业的组成部分，既需要相应的从业人员，其创造的公共产品也应计入社会总产品。公共服务范围的扩大和功能的增强是现代国家政权运作的普遍规律，也是政府职能延伸的重要方向。政府公共服务部门应当成为居民增加就业的一个必不可少的渠道。金融业将成为最主要的生产性服务业；都市型商业、国际会展将引导消费主流；文化创意产业将引领文化潮流；教育、医疗、体育、健康、文化等产业成为支柱产业；政府和其他类型的公共服务成为重要服务业和居民就业渠道。可见，服务业的发展促进了城市转型升级。经济增长的动力。大量新增的基础设施和市政工程建设投资；城市更新改造的建设投资；商业中心区形成的更大消费拉动；商品进出口贸易和物流等新兴服务业、研发中心和服务型制造业（总部经济）等新兴产业的增量；教育、医疗、文化、体育等领域部分产业化形成的经济增量；公共服务（市、区、街道、社区）中的第三方服务对经济的增量；等等；促进城市转型升级。

（二）实现城市经济转型的保障

第一，政府与市场关系的调整。在保证微观市场主体活力的基础上，要加强政府的调控和作为。这主要体现为：一是加强基础设施建设，要按照现代都市的标准建设各类基础设施和市政工程；并为之筹集资金和引导社会资本；二是加强城市规划管理，更新城市规划是正常的，要不断依据新的认识高度来更新城市规划，并加强规划对城市建设和管理的指导；三是在新的视野中筹划未来的大都市型的经济结构，要把现代服务业的主要产业和业态作为经济活动的主要内容。

第二，城市化道路的转型。改革开放30多年的中国城市化、城市经济发展的进程，分为两大阶段。第一阶段：工业化带动城镇化。是“十五”之前的20多年时间，这一时期由于我国重点推动的是工业化主导下的城市化，发展方式粗放，城市化与服务业的发展水平都比较低。第二阶段：服务业成为城镇化重要拉动力。第二阶段是“十一五”期间。2003年之后，伴随着科学发展观的提出，转变发展方式提上日程，东部地区产业结构调整步伐加快，加上中国加入WTO后的服务贸易业务大增，国际服务业加速向中国沿海城市转移，使我国的现代服务业在“十一五”期间进入了一个爆发增长期。

城镇化新阶段的主要标志是以满足服务产品需求为主。过去以工业化为前提的城镇发展道路的优点是满足了就业，形成了充分就业条件下的经济繁荣。但是这种发展道路在今天遇到了城市人口结构变化与城市需求结构变化的两个新矛盾。一是城市人口结构的变化。改革开放前二三十年，城镇化聚集的多数人口和劳动力并不以融入当地城镇作为目标，他（她）们是为了打工挣钱，收入汇回老家农村。他们像候鸟一样来回迁徙。而近几年，中国流动人口的成分已经发生明显变化，据调查，80后已占农民工总数的60%以上，他们中多数已经完全脱离农业生产，不会种地，他们打工不仅为了赚钱，而是更希望能够融入城镇，特别是融入大中城市，成为当地居民。

二是城市需求结构的变化。1998年以后中国实现了基本物质消费品的买方市场，这种买方市场主要表现在解决温饱的基本消费方面，而在住房、交通、教育、医疗等方面依然处于严重供不应求的卖方市场格局。就此而言，中国经济运行中存在的不是有效消费需求不足，恰恰相反，是有效消费供给不足，即住房、交通、教育和医疗等体现全面小康生活方面的供给量严重不足。城乡居民解决温饱的绝大多数产品来源于工业生产，是工业化的产物，而体现全面小康生活的主要产品（如住宅、学校、医院和道路等等）就不可能直接从工业生产线上生产出来，而是要通过扩大服务产品的有效供给来实现。

城镇化与工业化、服务业三者的关系是解决全面小康生活各种产品的短缺，既是城镇化的内容，也是推进城镇化建设的动力，还是带动工业化升级的主要因素。工业化有着独自的经济结构，城镇化也有着独特的经济结构，二者虽有关联，但不可相互替代。工业化需要依托城镇，而城镇的健康发育则需要服务经济的较快发展，因此在城镇化、工业化和服务业三者中存在相互依存、相得益彰的促进机制，只有处理好这三者关系，才能有效保障经济社会持续稳步地较快发展，实现消费结构快速升级和全面小康。

第三，深化改革。一是必须在教育、医疗、文化、公共服务等服务行业中划分私人品与公共品的界限，在公共品中划分商品与福利品、半福利品的界限，从而引导社会资本进入这些投资领域，增加服务产品的供给并提高质量。美国的服务业占消费比重比我们高得多，我们要加大发展服务业。二是利用文化体制改革和医药卫生体制改革的有利时机推动改革。

加快城市转型升级是中国产业升级的关键所在

魏后凯[①]

2011年中国城镇常住人口已达6.91亿，城镇化率达到51.27%，尽管其中大量农民工的市民化程度还比较低，但城镇人口超过了农村人口，仍然是一个重大的社会结构变迁，表明了中国已经结束了以乡村型社会为主体的时代，开始进入到以城市型社会为主体新的城市时代。城市型为主的社会形态有一系列的标准，包括城镇人口要超过农村人口，城市经济占据支配性地位，国土空间形态标准，城市现代观念、生活和消费方式占主导地位等等。在这些标准中，城镇人口标准是最为重要的核心标准，按此标准可以将城市形社会的演进分为四个阶段，初级阶段、中级阶段、高级阶段和完全城市型社会，完全城市型社会一般都是国土面积很小的国家。从中国的情况来看，北京、上海、天津三个直辖市城市化率已经达到80%以上，超过60%的有广东、辽宁、浙江、江苏等四个地区，还有一些地区也超过50%。按人口城镇化率的标准来说，中国的社会结构已经发生了变化，但目前的国家政策还没有完全转移过来，每年中央一号文件都是农村问题，每年都开农村工作会议。建国以后，城市问题始终没有引起中央和政府部门的高度关注。尽管从人口和空间形态上，中国已经进入城市型社会，但是生活方式、社会文化、城乡协调标准，离城市型社会仍具有较大的差距，所以仍然是初级的、或者说准城市型社会阶段。假如未来中国城镇化以每年0.8－1.0个百分点的速度推进，到

① 魏后凯，中国社会科学院城市发展与环境研究所副所长、研究员。本文根据作者在"2012中国智库论坛—农民进城与中国产业升级"研讨会上的发言整理。

2020年前后中国城镇化率将达到60%，按这个标准来说，已经可以整体迈入中级城市型社会，所以未来5—10年，将是中国实现由乡村型社会向城市型社会转变的关键时期，要实现这种转变，核心是提高城镇化质量，推动农民市民化、提升城市品质、推动城市产业升级、推进城乡统筹协调。同时，随着经济全球化的快速推进、新技术的广泛应用以及资源和环境压力的日益加大，世界范围内也掀起了新一轮的城市转型热潮。

一、要实现工业化与城市化双重转型

根据我们的研究，人均GDP五千美元和1万美元是工业化进程的两个转折点，五千美元以下是工业化加速时期，工业增加值的比重、工业就业比重持续提高。五千到1万美元时期，两个比重是保持稳定的，主要是提高工业化质量。超过1万美元，它是进入了一个后工业化时代，产业主要向高端化、服务化发展，工业增加值比重和工业就业比重下降。从中国的情况来看，下阶段工业化的重点主要是依靠产业升级提升工业化质量。从城镇化严重滞后于工业化，向城镇化和工业化基本协调转变，其核心问题是城镇服务业发展严重滞后，下一步应该由工业导向的城镇化转向服务导向的城镇化。

从发展水平来看，根据我们的测算目前中国绝大部分城市，人均GDP都在5千到1万美元，北京、上海、广州、深圳、苏州等城市已经超过了1万美元，所以未来中国的城镇化重点主要是提高工业化质量，促进城镇化的产业升级。尤其是北上广深城市未来的发展就是高端化和服务化，建立面向大都市圈的新型产业分工体系。近年来，随着经济全球化和区域一体化的加快，珠江三角洲、长江三角洲和京津冀等都市圈已经出现按产业链的不同环节、工序甚至模块进行分工的新态势。在这些大都市圈内，大都市中心区着重发展公司总部、研发、设计、培训以及营销、批发零售、商标广告管理、技术服务等环节，由此形成两头粗、中间细的“哑铃形”结构；大都市郊区（工业园区）和其他大中城市侧重发展高新技术产业和先进制造业，由此形成中间大、两头小的“菱形”结构；周边其他城市和小城镇则专门发展一般制造业和零部件生产，由此形成中间粗、两头细的“棒形”结构。这种面向大都市圈的一体化新型产业分工，通过产业链重组和资源整合，可以提升大都市圈的整体竞争力，避免和化解都市圈内城市间的经济冲突，由此形成产业链群体竞争的格局。从城镇化转型来看，未来中国的城镇化主要是提高质量，过去有一个误区，认为城镇化率在30%－70%的时候是城镇化加速的时期，事实上30%－70%是城镇化快速推进的时期，而不完全是加速的时期，50%是一个拐点，30%－50%是加速期，而50%－70%应该是一个平稳减速。2011年中国的城镇化率已经超过了50%的拐点，表明未来中国的城镇化将从1996年以来的加速转变为减速，未来的重点是提高城镇化的质量。

二、 要实现多元化的产业升级战略

最近我们在参与编制《全国国土规划纲要》，提出核心思想就是多中心的网络开发。八十年代中国经济增长依靠珠三角，九十年代增长靠长三角。下一阶段，仅仅依靠珠三角、长三角来支撑未来中国经济的稳定发展、高速增长肯定是不行的，需要在中西部和东北地区构建一批新的国家级增长极。我们将增长极分为三个层次，第一层面是世界级的，包括珠三角、长三角、京津冀，再过一二十年长江中游地区也有可能培育出一个新的世界级城市区。第二层面是国家级的，包括中原经济区、山东半岛、海峡西岸、辽中南、成渝等等。第三层面是区域级的，这就是多中心的网络开发。对于不同层级、不同发展阶段的地区和城市区，要实行不同的功能定位和发展导向。珠江三角洲过去的产业层次很低，未来的功能定位、发展导向要更高端，否则就是资源浪费。假如多元发展区域竞争格局能够形成，未来中国经济在15到20年之内，继续稳定高速增长应该是没有问题的，过去珠三角、长三角能够支撑这么长的时间的发展，未来的前景会更大，要更多的依靠中西部地区来支撑经济增长。

三、 要实现差异化的城市产业升级战略

目前中国的资源配置是一种典型的行政资源配置的倾向，资源向大城市、特大城市、超大城市高度集中，向首都、省会城市、副省级城市、地级市高度集中。两个集中带来的资源极化效应产生了两方面后果，像北京这样的大城市出现了大城市膨胀病，北京有强大的吸纳能力，如果要发展低端产业的

话，5000万人口也打不住，但是资源环境、环境、交通都缺乏承载能力。同时，根据我们的调查，中西部地区的中小城市正在衰落，数量在减少，比例在下降，中国的城市人口结构开始形成一个倒金字塔形，大城市人口最多，中小城市在衰落，比重越来越小，恰恰和世界规律相反。这些地方有资源环境的承载能力，但是没有吸纳能力，原因是基础设施和公共服务太落后、缺乏产业支撑、镇区规模太小，中国1.9万多个建制镇，平均人口规模不到一万人。

总体上看，对于不同规模的城市，由于其发展条件和特点的不同，应该实行差异化的产业转型战略，以便在大、中、小城市和小城镇之间构筑一个优势互补、合理分工、错位竞争、互动融合的产业发展新格局。进一步推动大城市的高端化和服务化，高端化的核心是产业高端化。所谓产业高端化，就是依托大城市的科技、教育、人才和信息资源优势，大力发展高端产业，包括高技术含量、高附加值、高效益的高端行业和产业高端环节，依靠高端服务业与高端制造业融合互动，切实推动其产业高端化的进程。所谓服务化，就是要依托中心城区，强化城市中心功能，大力发展现代服务业尤其是高端服务业，包括总部经济、研发设计、高端商务、金融保险、现代物流、文化创意、时尚产业等，提高大城市服务业档次和水平。同时要强化中小城市的特色化和专业化。对中小城市和小城镇而言，一定要发挥自身的优势，突出城镇和产业特色，强化专业化分工协作，走“专精特深”的特色专业化道路，逐步在全国培育一批“小而专”、“小而特”、“小而精”、“小而美”的特色中小城市和小城镇，特别是要鼓励小城镇发展特色经济，向专业镇方向发展，在这方面广东专业镇和浙江“块状经济”的发展经验值得借鉴。为了印证引证这个观点，我们将制造业成本分解为隐性成本和显性成本，显性成本就是可以度量的工资、土地价格、税收等，隐性成本就是不能用肉眼看到的成本。根据这个研究我们发现，显性成本指数和发展水平是正相关的，隐性成本是负相关的，即隐性成本越高，显性成本就越低。通过对不同城市的敏感性分析，发现隐性成本是决定城市高端制造业发展的关键，高端制造业对劳动力工资、土地价格等显性成本不敏感，但是对隐性成本很敏感。这可以说明像北上广深这些城市适合发展高端产业。

四、 农民工市民化要与产业升级联动

大家都谈到目前中国农民工的市民化程度很低，实际上这里包括两个层面的市民化，首先是外出农民工的市民化，目前全国外出农民工约1.59亿，绝大部分都在城镇，相当于城镇总人口的23%，这部分人群的市民化程度很低。根据现有的统计，现有城镇人口中27%属于农民工及其家属。其次是本地农民的市民化，事实上现有城镇人口的统计中仍然包含大量农业人口，根据六普的统计数据，全国的总体数字农业户口是46.5%，负是36.1%，正是62.3%。所以我们觉得，未来的市民化是关键，一方面进城农民的数量很大，假如每年增长一个百分点，就有1千多万农民要进入城市，到2030年之前还有2亿多人要进入到城市里，加上目前没有真正实现市民化的农民，未来有4—5亿农民要实现市民化，根据我们的测算，考虑到社会保障和相关的公共服务，农民市民化的成本至少是人均10万元，全国加起来要40万亿到50万亿的成本，单纯靠中央政府、地方政府是不可能解决的，所以要建立一个多元化农民工市民化成本分担机制，这也是我们多年强调的一个观点。由中国政府、地方政府、农民工跟市民多方参与的多元化的成本分担机制。其中很关键的就是让农民带着资产进城，农民在农村有房产、宅基地等资源，要将这些资源转变为资本，再将资本转变为可以兑现、可以抵押、可以流通的资金，让农民带着这些资金进入城市，使农民能够在城市安家落户，这是一个很重要的关键。

新型城市化，孕育工业转型升级的新动力

申现杰[①]

金融危机以来，面对美欧国家高端产业“挤压”和新兴发展中国家低端产业“挤出”效应，中国出口导向型的工业发展模式遇到了空前挑战，促进产业从低端向中高端转化，从外需导向转向内需导向型的产业结构成为当前工业转型升级的关键突破点。城市化是推进工业转型升级的重要力量，当前，我国的城市化率已经突破51.27%，城市化已经从人口转移型城市化进入到了结构转换型城市化的新阶段，城市化模式的转变将成为今后一个时期解决我国工业转型升级困境的新的突破口。

一、 当前我国工业转型升级的面临的巨大挑战

美欧的再工业化战略对工业转型升级形成了高端挤压态势。世界金融危机后，美欧日等发达经济体为了重塑国家优势，纷纷实行再工业化战略，一是继续巩固与强化传统产业的某些环节和优势产业在技术、产品质量、品牌、环保等多方面的既有优势，二是努力在信息、节能、新能源和先进制造等新兴技术产业的角逐中抢占制高点。以美国为例，美国总统奥巴马多次高调宣布重振美国制造业，宣称通过发展高端制造业，重构全球制造业竞争格局，为促进制造业企业向美国国内回归，美国政府提供的众多税收优惠政策，劳斯莱斯、通用、福特、丰田、西门子等企业纷纷开始重新在美国布置生产工厂。欧美的再工业化战略，对中国发展高端产业形成了

① 北京赛迪方略城市发展研究中心研究员

外部高端挤压效应。

新兴发展中国家对中国劳动密集型产业形成了低端挤出效应。金融危机之后，一是越南、孟加拉、印度等发展中国家利用比中国更加低廉的土地资源和劳动成本，生产与中国相同的劳动密集型产品，并向美欧等发达国家出口；二是随着我国国内要素成本的逐步上升，廉价劳动力等传统比较优势趋于下降，外资制造业业开始纷纷撤离中国，如耐克、阿迪达斯、福特、通用、星巴克、佳顿、卡特彼勒等公司纷纷将其制造环节迁回本土，爱世克斯和水野等跨国公司也开始降低在华的生产比例，转而扩大在越南、印尼的生产规模。新兴发展中国家替代中国劳动密集型产品出口的势头，对中国是一个严峻挑战，中国的经济结构调整受到了新兴发展中国家发展劳动密集型产业的“低端挤出”效应。

高低端双重挤压在短期内对中国工业经济的发展造成了困境。在高端扼制和低端冲击下，今年以来我国工业增速放缓的现象，7月份，规模以上工业增加值同比实际增长9.2%，自去年7月份以来，连续12个月处于回落状态，1—7月平均工业生产者出厂价格同比下降1.0%，工业生产者购进价格同比下降0.8%，1—7月，全国新批设立外商投资企业13677家，同比下降12.33%；实际使用外资金额666.69亿美元，同比下降3.64%。而从国家统计局公布的2012年1—7月份制造业PMI分类指数来看，制造业生产增速继续趋缓，市场需求继续呈回落走势，原材料库存量继续减少，企业用工量继续减少，我国工业制造业已经进入转型升级的关键时期。因此，在当前继续沿着以往的发展道路难以为继的情况下，中国工业转型升级必须寻找新的动力。从需求结构看，主要调整国内需求结构，培育有活力的国内高低端工业品消费市场；从产业结构看，主要促进产业从低端向中高端转化，从外需导向转向内需导向型的产业结构。

二、 我国城市化进入到了以结构转型为主的新阶段

城市化的发展形态有两种模式或道路：一是人口转移型的城市化，强调的是人口由农村向城市的空间转移而提升城市化水平的发展模式；二是结构转换型的城市化，强调的是通过地区经济、社会、文化乃至管理与空间布局

等结构向城市转型而提升城市化水平的发展模式。

发达国家的经验表明，当城市化率超过50%时，既是城市化处于高速发展时期，又是“城市病”的突发期。2011年，中国大陆城镇人口比重已达51.27%，部分中心性城市的城市化率也早已超过50%，农村人口过多、过快的向城市集中，使得我国部分地区的“城市病”已经非常突出，造成了城市发展中的城乡差距过大和无序发展、资源资金短缺、基础设施滞后等种种城市病问题，如在城市设施方面，2012年7月21日，作为首善之区的首都北京，一场暴雨造成人员财产巨大损失，令人痛惜。

根据城市化的发展规律和发达国家的实践，当城市化率达到50%时，结构转换型城市化就会凸显，当城市化率达到75%以上时，结构转换型城市化就会取代人口转移型城市化，成为城市化的主流。而从当前来看，我国城市化率为51.27%，由于区域发展不均衡，结构转换型城市化在我国发达地区已呈增强之势；而中西部地区的人口转移型城市化正在加快，将会逐次进入结构转换型城市化的阶段。而结构转换型城市化所产生对人口转移的吸纳效应，将会在一定程度上促进农村人口的就地城市化转型，对人口转移型城市化形成替代效应。因此，从整体来看，我国目前已经进入了以结构转换型和人口转移型的城市化共同发展的新阶段。2006年以来，我国东部部分发达地区已经率先开展了新型城市化道路的探索，如在2006年8月，浙江省省委、省政府制定出台《关于进一步加强城市工作，走新型城市化道路的意见》，2011年12月，广东省省委书记汪洋在提高城市化发展水平工作会议上，提出要推进广东新型城市化工作，将其作为促进工业化、信息化、市场化和国际化的重要抓手。

三、 推进新型城市化成为当前工业转型升级的新动力

与以往的以人口转移型的城市化不同，这种兼具人口型城市化和结构转换型城市化双重特征的新型城市化要求以全面、协调、和谐、可持续发展为特征，注重从资源集约、环境友好、经济高效、社会和谐、文化特色鲜明、大中小城市和小城镇协调发展、城乡互促共进等多个方面，推进城市现代化、生态化和农村城市化、工业化发展，全面提升城市化的质量和水平。

工业化的本质是生产力的发展，工业化通过产业结构的多元化和人口的城市化拉动城市化发展，城市是现代工业的集聚地和市场所在地，城市化也是区域工业结构和发展模式的现代化，因此，新型城市化的发展也必将推进工业发展模式和工业技术结构、行业结构、空间结构、组织结构和产品及市场结构的转型升级，通过成本节约效应和需求的扩展和升级效应，新型城市化将会不断促进资源配置与产业分工打破城市与区域的自然界限、行政界限，工业化由城市向区域渗透，二、三产业由城市向区域转移，先进的经营管理理念、制度和方法由城市向区域传递，城乡之间的联系逐步加深，城市的服务功能和辐射能力逐渐提升。其中，在经济腹地的广大区域，通过乡村工业化和城市化推动工业转型升级，在经济中心城市，是产业结构走向现代化的转型与提升。因此，新型城市化将两大核心机制带动城市工业发展模式的转型和工业结构的优化升级。

首先，新型城市化推进工业发展模式的转变。依托成本节约机制，新型城市化能够带来劳动、土地和资金与技术的集约利用，使各类生产要素由分散无序状态向规模型集约型转变，会产生巨大的规模效益，改变我国工业经济发展中高投入、高消耗、高污染、不协调、低效率、难循环的粗放型增长发展方式；新型城市化下释放的居民消费需求和投资需求带来对工业消费品内需的扩张和升级，从根本上提升我国工业产品市场的内需能力，改变原有依赖外部出口的发展模式。

其次，新型城市化推进工业结构的优化调整。新型城市化下的市政基础设施建设标准和城乡居民消费需求的升级，对技术含量和生态节能产品产生了新的要求，推进工业产品的技术结构、市场结构和行业结构等的优化升级；新型城市化注重城乡一体、大中小城市和镇协调发展，要求产业要素在城乡、大中小城市之间进行空间转移，形成成本节约效应和规模效应，推进各类熟练劳动力、技术人员和管理人员的汇合，促使劳动力在不同地区和不同部门之间进行合理流动，带动工业空间结构、组织结构和技术结构的升级。

四、依托新型城市化建设，推进工业转型升级

从工业发展的角度看，我国地域广阔，城市众多，城市发展条件和特点

的不同，我国新型城市化要求不同层级的城市拥有不同的着力点，依据城市区域的不同特点，实行差异化的新型城市化战略，以推进新型城市化下的工业转型升级，以便在大、中、小城市和小城镇之间构筑一个优势互补、合理分工、错位竞争和互动融合的城市化格局。

中心型城市新型城市化与工业转型升级。中心型城市应依托自身的科技、教育、人才和信息资源优势，大力发展高端制造业和生产性服务业（包含文化创意产业），推进高端制造业与高端服务业的融合，促进城市的高端化和服务化发展水平；同时，在新型城市化的推进中，加大对战略性新兴产业成果的推广应用，提升城市的智能化、信息化和生态化发展，如实施智慧城市、智能园区建设，推进战略性新兴产业应用示范工程等，创造新的高端市场需求，在提升城市的服务功能和运营能力的同时，引导工业转型升级。

中小型城市新型城市化与工业转型升级。着眼新型城市化下的城市体系建设和城乡统筹发展，中小城市应依托自身资源特色和产业基础，强化与大城市和域内中小城镇的专业分工协作，积极承接特大城市和中心城市高新技术产业、生产性服务业和一般加工制造业产业转移，提升现有产业的关联度和集群化发展水平；同时，推进加工制造型产业向中小型城镇转移，提升中小型城镇的城镇化和工业化水平，走特色化和专业化的发展道路。

农村新型城市化与工业转型升级。着眼城市化水平的提升和农民的就地转化，一是推进低附加值加工制造业向农村和小城镇转移，提升小城镇和农村的工业发展水平；二是推进资本回流式城市化，鼓励农村劳动力依托在外地积累的资本回流家乡进行工业投资，兴办非农产业；三是依托自身历史和生态文化资源，推进农村旅游和养生居住市场的开发，提升农村的公共服务能力，推动农村的城市化进程；四是以工业理念推进农业发展，将工商因素和技术因素更广泛的应用域农业生产领域，实现农业生产的规模化、工厂化、设施化和市场化发展。

实施以新型工业化为主题的城市综合配套改革。在我国工业转型升级面临内外压力较大的情况下，全面提升城市化和工业化的质量和水平，要求实施以新型工业化为核心的综合配套改革，通过城市经济管理体制、行政管理体制、社会管理体制和城乡一体化发展等多方面的综合配套改革，创新城乡投资建设体制机制、两型产业发展机制、中小企业创新创业机制、资源集约利用机制、生态环境管控机制、投资环境改善机制和政府效能提升机制等，破除阻碍城市工业经济转型升级的制度型障碍，真正在城市走出一条全面、协调和可持续的新型城市化之路。

全力提高农民工素质 夯实中国产业升级的劳动力基础

蓝海涛[①]

中国工业化阶段中外产业工人的源头是有重大差异的，发达国家在农业经济向工业经济转型的过程中，手工业者、农民自然转化成城市中的产业工人。而中国除了克服发达国家进城农民转型的一般困难之外，还必须穿越中国特色的城乡二元社会结构的鸿沟，才能彻底转变为城市产业工人。因此，“两栖型”的中国农民工与先行工业化国家转型的产业工人相比具有典型的低素质、高流动性特点。该特点主要是由特殊的制度安排所致的群体行为特征，并非农民工自身通过市场竞争的结果。农民工素质低是产业升级的瓶颈，现在有很多说法，农民工素质低其实是一方面，阻碍中国产业升级的因素很多，包括技术创新不足、城市产业工人没有充分发挥，也包括产权制度等方面的问题，我认为农民工在知识水平、技术等级、工作能力、职业素养等方面素质偏低是中国产业升级的瓶颈。

国际金融危机爆发后，世界各国重新认识到实体经济的极端重要性。美国从“去工业化”转向“再工业化”，是为抢占新一轮科技和产业竞争制高点。为此，美国不断完善其先进的教育体系，让产业工人有更多时间和经历去从事学习、创新、研究、交流等活动。中国制造业要想赢得国际竞争，提高产业工人素质是决胜之道，而产业工人素质高低又取决于占产业工人主体的农民工素质高低。

---

① 蓝海涛，国家发改委产业经济与技术经济研究所农村室主任。本文根据作者在" 2012 中国智库论坛—农民进城与中国产业升级" 研讨会上的发言整理。

一、 农民工在中国产业升级中的地位至关重要

1. 农民工是“中国制造”的主力军

当前，我国农民工在数量上已成为仅次于农民而大于传统产业工人的第二大群体。

2011 年，全国农民工总量 2.53 亿，在全国第二产业就业人员中占 58%，其中，加工制造业就业人员中农民工占 68%，建筑业就业人员中农民工占 80%；在第三产业从业人员中，农民工占 52%；城市建设、环保、家政、餐饮服务人员农民工占 90%。

2. 稳定且素质较高的农民工队伍是中国产业升级的重要因素

对农民工而言，没有一个相对稳定的栖身之地和工作岗位，就没有一份稳定的收入，提高自身劳动技能和谋生手段也就无从谈起。对企业而言，没有一支稳定的员工队伍，企业不愿下大力气培训员工，企业的可持续发展就无从谈起。对政府而言，没有产业工人队伍的稳定，产业工人素质就难以提升，产业升级也就无从谈起。

二、 中国农民工素质普遍偏低

农民工文化素质低、技术水平低、收入待遇低、权益保障低、社会地位低是当前农民工的主要现状特征。

1. 农民工基础教育水平偏低

2006 年，全国外出农村劳动力 1.32 亿，男 64%，女 36%；30 岁以下占 52.6%，31～50 岁占 42.3%，51 岁以上占 5.1%。

表 2 2006 年我国外出农村劳动力文化结构

初中	小学	高中	大专及以上	文盲
70.10%	18.70%	8.70%	1.30%	1.20%

资料来源：国家统计局外出农民工调查

有关数据显示，到 2010 年前后，进城务工人员中，高中、中专及以上文

化程度仅占23%。

2. 农民工技术能力较低

中国产业工人技术水平明显低于发达国家。我国初级工、学徒工水平和未进行技术等级认定的人员总数超过70%。发达国家高级工占15%～20%，中级工60%～70%，初级工仅占10%～25%。目前我国进城务工人员中，接受过非农职业技能培训的仅占26.2%，高技能技工仅占技工的3%。

中国产业发展紧缺的是技术工人，许多岗位需要初级工或高级工，而绝大多数新生代农民工没有受过相应的职业教育，致使其没有一技之长，有的只达到普工、小工的水平。据一项问卷调查显示，新生代农民工没有接受过职业培训的占55.4%；已参加培训的员工拥有职业技能证书的比例也不高。

3. 农民工职业素养下降

目前农民工的文化素质、身体素质较以前有明显提高，但职业道德和劳动纪律明显下降。缺少职前心理教育，心理素质偏低。（例如，富士康"十三跳"）

特别是新生代农民工吃苦耐劳素质降低。计划生育政策下，新生代农民工受父母宠爱的结果。

三、 农民工素质与中国产业升级的相互影响

（一）中国产业升级亟需高素质农民工

近年来，我国城市产业结构正由劳动密集型向知识、技术密集型转化，产业升级呈现出高新知识以及智能、技术密集的发展趋势，要求农民工不但有较高的科技文化水平，而且要有一定的职业技能，才能迅速掌握操作技能；企业产品频繁更新换代，生产设备不断更新，也要求新生代农民工必须具备很高的适应能力和创造能力。这些发展趋势无疑对农民工的素质提出了更高的要求。

（二）农民工素质偏低迟滞中国产业升级进程

1. 产品质量不高，损失严重

2003年前的一份研究：我国企业生产的产品，合格品只有70%左右，不良产品造成的损失高达2000亿元，其中有一半是由于包括农民工在内的职工

技术水平不高所致。

目前我国企业生产的产品合格率仅为80%左右。企业中的创新大多是由一线生产工人在生产实践中实现的，农民工技术素质偏低就会使得企业工艺创新和技术革新缺乏成长的土壤，影响先进技术的理解和吸收、先进设备的操作和运用，最终影响企业发挥创新主体的作用。

2. 劳动生产率较低，削弱劳动力成本优势

据20世纪90年代一份研究显示：我国机械工业劳动生产率约相当于美国的1/12，日本的1/11，钢铁工业劳动生产率约相当于美国的1/12，日本的1/25。

虽然美国、日本和韩国的单个劳动力的工资水平分别是中国的47.8倍、29.9倍和12.9倍，但是，美国、日本和韩国的单位产品劳动成本只有中国的1.3倍、1.2倍和0.8倍。我国包括农民工在内的劳动力的低工资掩盖了低效率，削弱了劳动成本在国际产业分工中的比较优势。

3. 处于低端产业链环节，难以向高端延伸

中国在电子信息产品、纺织服装、汽车、装备等制造业领域大多处于产业链的低端环节。特别是以富士康为代表的电子信息产品代工在中国中西部盛行；同一国际品牌的汽车，国内组装和进口原装车质量性能差距大。

4. 农民工流动性过高，阻碍素质提升

第一，农民工在进入二、三产业后还会频繁跨地区、跨企业流动；第二，户籍准入限制等体制性障碍使得农民工不能带着全家一起流动，农民工因照顾家庭而不得不在打工地与家庭所在地之间无规律地往返流动；第三，经过相对短暂的打工生涯（绝大部分都不超过45岁）后又不得不流回农村；第四，农民工流动表现为季节性，通常大部分农民工过完春节后会考虑重换打工地点或单位。

研究发现：员工的高流动率会导致产品和服务质量下降、生产效率下降、顾客和员工忠诚度下降；影响人员管理、培训质量和员工团队凝聚力，最终又会影响企业的经营业绩等。因此，许多企业和地方政府不愿投入大量资金进行农民工技能培训，都愿招现成的熟练工，出现了农民工培训中的“囚徒困境”。

四、 农民工素质偏低的主要原因

一是农村教育质量低。农村教育资源短缺，教育设备不齐全，师资力量较弱。

二是农村家庭不如城市家庭重视孩子教育。对孩子在学习方面的资金与精力投入较少。

三是农村教育存在精英流失问题。如果学生成绩不是特别优秀的话，在接受完九年义务教育后就会外出务工；精英人才入城市正规就业后“脱农”。

四是农民工职业培训机会不平等。农民工没有纳入城市就业培训范围，欠缺分享现代知识、信息和技术的机会，无法融入先进的生产力系统中。

五是缺乏提高自身素质的社会环境。大量农民工未纳入城市社会保障体系，无法获得公平就业机会，甚至时常被拖欠工资所困扰。

五、 对策建议

1. 将农民工素质提升到影响我国产业转型升级和国家现代化的全局高度去认识

未来，我国城镇化、工业化加速发展，产业结构转型升级对高技能人才需求将快速增长。中国的特殊国情决定要继续大力发展以工业为主体的实体经济。在推动产业转型升级过程中，实现农民工向产业工人的转变绝非一日之功，不是一般的“三农问题”，而是事关中国现代化和中华文明复兴全局的战略问题。中国千百年来的传统观念需要不断改变：优秀产业工人同样伟大！

2. 加强农村学校教育和农民工职业培训顶层设计和规划

国家在经济政策层面要加强农村学校教育和对新生代农民工的职业培训力度，提升他们的整体素质和职业技能等，并将对新生代农民工的职业培训和职业引导纳入国家和地方经济社会发展规划中，纳入常住地公共预算中，中央政府给予地方政府奖补。逐步实现农民工职业教育免费。

3. 下决心延长全民义务教育年限

农民工是主要受益群体。全面向德国学习，高中之后接受职业教育。争取“十三五”实现！

表 2　主要国家义务教育年限比较

德国	13	西班牙	11
荷兰	13	韩国	11
比利时	13	泰国	11
美国	12	中国	9
英国	12	印度	9
日本	12	越南	9
加拿大	11	菲律宾	7
澳大利亚	11	马来西亚	6
法国	11		

资料来源：笔者根据公开资料整理

4. 完善农民工培训机制

推广直接面向用人单位需求的“定单式”培训。逐步规范企业的用工制度，建立“先培训，后就业”、“先培训，后输出”、“持证就业”、“持证输出”等劳动用工制度。企业申报政府项目时附加“持证就业”的产业工人比例条件，引导企业特别是高技术企业吸纳中高级技工。政府对企业开展产业工人工龄奖励给予补助或奖励，做为新市民的先决条件。通过加强劳动执法监察，促使企业与农民工签订劳动合同，缴纳养老、医疗等各项保险，引导企业与员工建立较为长期与稳定的劳动合同关系，倡导劳资互利双赢的社会理念，激发企业培训农民工的动力。

5. 逐步提高农民工的政治和社会地位

增加农民工各级人大代表的比例。赋予农民工有序参与当地政治事务的民主权利，增强农民工的社会责任感。让已在就业地定居的农民工享有与当地居民同等的选举权与被选举权，让流动性强的农民工群体通过工会组织，参与当地政治事务并发挥其应有的作用。各级别的劳动模范、三八红旗手、青年创业先锋等荣誉称号都明确规定农民工占有一定比例。逐步将农民工纳入流入地城镇社会保障体系，中央政府给予补助。建立城乡统一的劳动力市场和公平竞争的就业制度，维护农民工平等权益，给予农民工以新型产业工人待遇。

后 记
Epilogue

为使更多关注中国城市化的专家学者、政府管理者以及企业界人士能够分享研讨的成果，在综研软科学发展基金会和综合开发研究院（中国·深圳）院各位同事的共同努力之下，本书历时半年，终于得以完成。

在此，我们向拨冗出席“2012 综研基金·中国智库论坛”的各位演讲嘉宾：樊纲、马蔚华、马晓河、林凌、黄益平、纪韶、董克用、魏后凯、蓝海涛，向所有参与论坛讨论的专家学者，向策划、组织系列学术活动的综合开发研究院同仁唐惠建、郭万达、冯月秋、郑宇劼、张丽、刘艺娉、程旭玲，以及为本书出版付出努力的中国经济出版社一并致谢！

城市化是中国现代化进程中的重大战略问题，党的十八大报告将“有序推进农业转移人口的市民化”作为推进城市化进程的重要任务，涉及制度、经济、社会、文化各个领域。欢迎各界人士对本书提出宝贵的建议和意见，共同互动，为中国城市化战略出谋划策，推动决策层、研究机构和社会各界共同关注中国城市化问题。

编者

二零一三年六月